タイガー・モリと呼ばれた男

日米の架け橋となった幻の剣士・森寅雄

早瀬利之 著

芙蓉書房出版

まえがき

本書の主人公森寅雄（旧姓野間）は、「昭和の武蔵」といわれた天才剣士であり、剣道を通じて日本とアメリカの架け橋とならんとした人物である。

伯父野間清治（講談社の創業者）のもとで育てられ、剣道が盛んな巣鴨学園で頭角を現し、全国大会で優勝するなどの活躍をした。野間清治の嫡男野間恒と共に切磋琢磨して剣道の腕を磨き、昭和九年の天覧武道大会東京予選の準決勝戦は寅雄と恒の従兄同士の対戦となった。結果は、恒に逆胴をとられて敗れた。

その後寅雄は、高崎十五連隊から戦車第四連隊に入隊、戦車連隊兵として満州の荒野を転戦した。除隊後の昭和十二年一月、剣道普及のためアメリカに渡る。日本での名声を知る日系人たちの熱烈な歓迎をうけ、ハワイ、ロサンゼルスで日系二世の子どもたちに剣道を指導した。また南カリフォルニア大学でフェンシングをマスターし、西部地区大会ではサーベル部門で優勝し、ニューヨークでの全米オープン決勝にも進んだが、残念ながら白人主審の誤審で敗れた。敗れたとはいえ、フェンシングで優勝を狙った森寅雄の名前はアメリカのフェンシング界で広く知られる。

森寅雄は終戦まで、野間清治が経営した報知新聞社の記者だった。戦後は、群馬県太田市で米兵相手のクラブを経営してドルを稼ぎ、講和条約調印前にロサンゼルスに帰っている。ロスでは、全米剣道連盟を設立し初代会長に就いた。また日系人として初めてロサンゼルス市体育協会の理事となり、剣道とフェンシングをコーチした。

事業家としては、森証券を立ち上げ、敗戦後の日本企業の株をアメリカの投資家に売り込み、日本企業再建を後押しした。森証券はのちに野村證券に売却され、同社のアメリカ進出の足がかりとなる。

会社を売却して得た資金でビバリーヒルズの一等地にフェンシング道場を設立し、ハリウッドの映画スターの指導をしたり、ローマ五輪では、米国フェンシングチーム監督でありながら、ルール違反を承知でこっそりと日本チームにもコーチしている。

森寅雄は、ネスカフェのテレビCM撮りが終わった翌年の昭和四十四年一月八日、ガーディナ道場での新年の剣道初稽古中、持病の狭心症の発作で倒れ、そのまま五十四歳の生涯を閉じた。

端整で気品のある顔立ちで、流暢に英語を使いこなし、車やバイクを乗り回した寅雄は、スマートさの一方で、強烈なバイタリティと鋭い国際感覚を持ち、戦前の日本人としては破格のスケールの人物だった。

私は週刊文春の記者時代から森寅雄の取材に取り組み、アメリカにも二度出かけている。三年間の取材の後、七割程度書き上げたところで、雑誌『剣道日本』に「海・はるかなり」のタイトルで連載をスタートした。

だが、当時のN編集長からは「講談社をあまり刺激しないようにしてね」と釘を刺された。なぜそんなことを言われるのか。ピンときたのは昭和九年の天覧武道大会東京予選会試合準決勝戦で、寅雄が従兄の恒にあっけなく敗れた一戦である。この試合についてはさまざまな憶測が飛び交った。詳しくは本文をご覧いただきたい。

二年間の連載後、平成四年に『タイガー・モリと呼ばれた男』の書名で単行本として刊行された（スキージャーナル社）。剣道の世界での森寅雄の知名度の高さからか、出版直後から問い合わせの電話が朝から鳴りっぱなしだった。「幻の剣士」と言われただけに、どんな剣風だったのか、ひと目見たかった人が多かったのだろう。

ちなみに、中山博道は「寅雄の剣には香りがある」と評している。

この本は、TBSテレビやRKB毎日放送でも取り上げられ、劇画本にもなった（松田尚正画、講談社刊）。また第二回ミズノスポーツライター賞を受賞し、当時の文部省の優良図書にも選定されるなど、関心は高かった
また、森寅雄が卒業した巣鴨学園の創立六十九周年の事業として大量の買い上げがあったことを後に知らされた。巣鴨学園は今では開成と並ぶ進学校となっているが、寅雄が音羽から通っていた頃はスポーツ、なかでも剣道が盛んな学校だった。寅雄は旧制府立四中（現都立戸山高）から巣鴨学園に転校した。剣道仲間と離れるのをいやがったからだが、このあたりも本文

で詳しく書いた。

単行本が刊行されて数年後、文庫化してほしいとの読者の声が私のもとにも寄せられた。私はまず講談社の文庫編集者に相談した。野間清治をはじめ、講談社に関する記述が多い本なので、筋を通したのである。しかし後日、「上司が反対した」と断りの連絡があった。そこで知人の文藝春秋のノンフィクション編集者に持ちかけると、「なんでライバル社の人のことをウチでやるの？」と笑われた。その後数社にあたったが、同業者の社員が主人公というだけで断られ続けた。結局、手元に一冊しか残っていない本は段ボール箱に入れられて仕事部屋の天井にしまわれたままとなってしまった。

ところが先日、古書市場でこの本が二万円という高値で売られていることを知った。五年ほど前、娘もネット書店で三千六百円で買ったという。読みたい人がいるのなら、何とか再刊できないかと、天井から本を引っ張りだして、もう一度読み直した。実に面白い人物で、こんな日本人がいたことを知ってもらいたいと思い、時間をかけて全編に手を入れ、芙蓉書房出版の平澤公裕社長に読んでもらい、再刊をお引き受けいただいた次第である。

タイガー・モリと呼ばれた男
日米の架け橋となった幻の剣士・森寅雄

目次

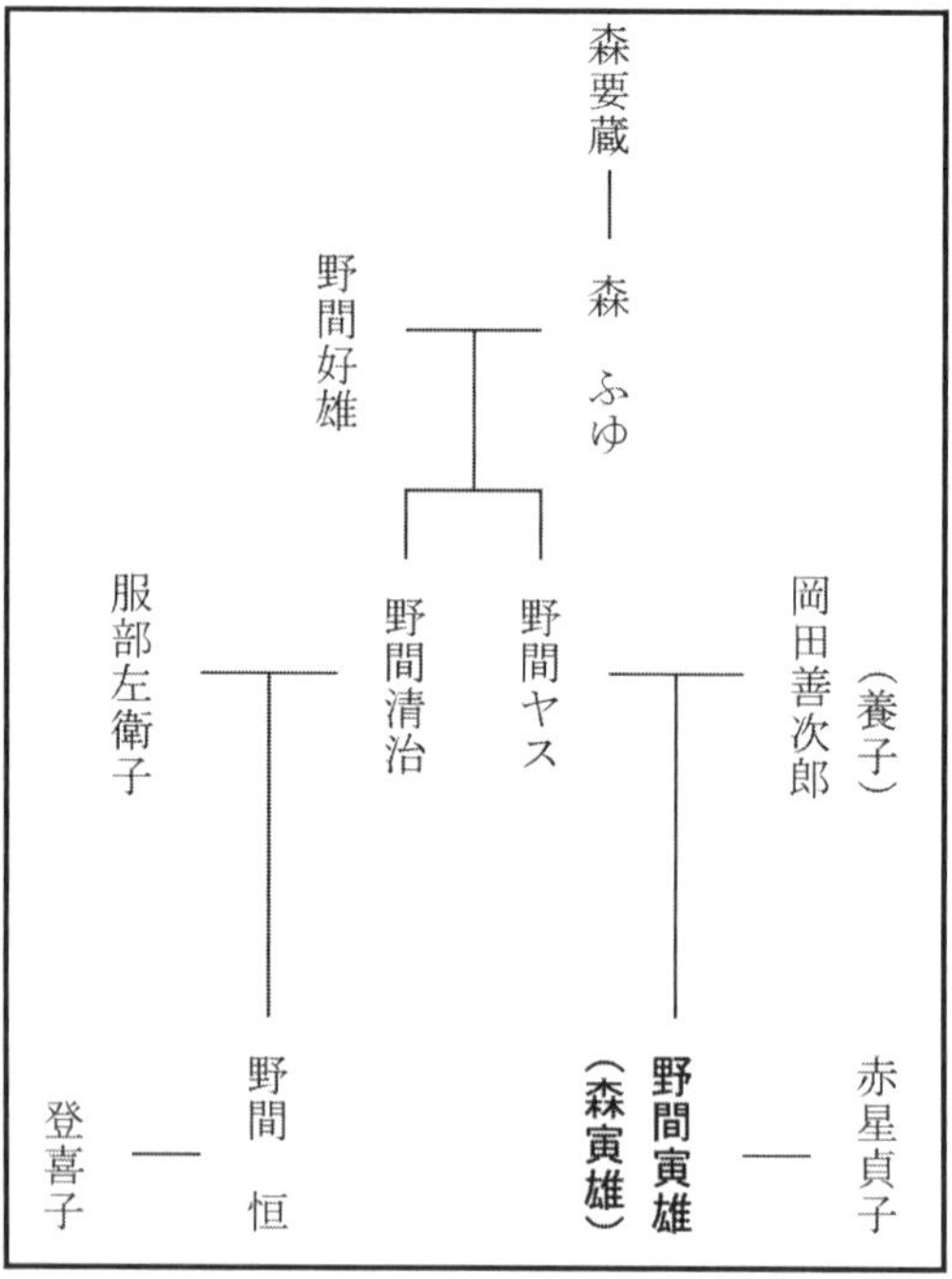
森要蔵
森　ふゆ
野間好雄
岡田善次郎
（養子）
野間ヤス
野間清治
服部左衛子
赤星貞子
野間寅雄
（森寅雄）
野間　恒
登喜子

✺ プロローグ

アメリカ西部の剣道、フェンシング界の神的存在だった森寅雄

ロサンゼルス空港の朝は肌寒かった。

最後の荷物検査を終えて長い地下道をくぐり抜けると、出迎えロビーだった。逆光が眩《まぶ》しかった。あらかじめアイボリーカラーのトランクのことを手紙で伝えていたので分かったのか、森貞子と娘婿の大川平三郎が私に気づき、手を振った。どうしても会って、故人の話が聞きたく、奮発してファーストクラスに乗ったのがよかった。税関の手続きは予想どおり早く終わり、他の乗客よりも、まっ先にロビーに出られた。

空港から南へ十キロほど行った所に、カリフォルニア州の剣士たちが集まるフェンシング道場がある。まるで倉庫内のような天井の高い通路を、大川平三郎のあとについて歩いた。

この道場のヘッドコーチが大川平三郎である。彼に案内されて、左手の、倉庫をぶち抜いたような大きな部屋に入ると、受付に背の高い白人女性がいた。フェンシングの防具を担いだ大川は、テーブルの上に広げられた台帳に自ら名前を書き込んだ。それから右の廊下伝いに歩いた。そこで、ふと左手を見て立ち止まった。

森寅雄（範士8段）

二百坪ほどもある広い道場には七つのピスト（マット）が敷かれ、白い防具をつけた五十人近いアメリカの男女の剣士が互いに向かい合い、打ち込んでいた。剣道よりも早く、一瞬の突きで勝敗が決まるフェンシングは、打突の掛け声はなく、緊張した「静かな一瞬」がつづく。

彼らは、入口に立っている大川平三郎の姿に気がつくと、剣先を下ろし、尊敬の眼ざしを送り、会釈した。

大川平三郎は、長身の剣士たちを私に紹介した。

「彼は東京オリンピックにアメリカ代表で出場しました。左隣りのフランス人の彼も、やはり森に教わり、東京オリンピックに出場しています」

それから大川は、正面にあたる右手の壁にちらっと眼をやった。二枚の写真が額縁に納まっている。私の眼は釘づけになった。疲れがすーっと引いた。

「この写真が、義父の森寅雄です。こちらはハリウッドの女性に教えている森の写真です」

右側の写真は、四十歳頃に撮ったもので、大森流居合《いあい》の、ちょうど相手の剣を受け流した瞬間を捉えている。森寅雄は、その時すでに剣道範士《はんし》八段だった。この居合の演武の時は、濃紺の剣道着に袴《はかま》姿である。

左側の写真では「風と共に去りぬ」の作者で、気むずかしいマーガレット・ミッチェル女史にフルーレを教授している。ミッチェル女史がちょうど右足を踏み込んで突いた瞬間の写真で、傍らで森寅雄が一緒に突いている。

それら二枚の写真は、いつもロサンゼルスの剣士たちを見守り続けてきた。なかでも、頭上に振り上げ、斬り込んだ剣を軽く左に受け流して、右に半歩踏み込んで相手の肩に袈裟斬りに入る瞬間の写真は、この道場のシンボルでもあった。

彼らロサンゼルスのフェンシング剣士たちは、ほとんどが森（野間）寅雄の教え子であり、寅雄は神的存在であった。

長身のフランク・ボックスは弁護士である。それにハンサムなフランス系のマーク・ウォルシュ。いずれもカリフォルニアを代表する全米クラスのフェンシング選手だ。その他、エドウイン・リチャーズのように、大川と同じく東京オリンピック、メキシコオリンピックなどに出場した選手もいる。フェンシングに憧れて入門した女性剣士なども含めると、この道場だけで二百人の門下生がいた。そのうちの三割近くが女性剣士である。

しかし、戦前の森寅雄が、フェンシングに転向し、一九四〇年開催予定の東京オリンピック

フェンシングを習い始めて、わずか半年ほどで全米の強豪になってしまった森寅雄。彼はダンスも得意だったが、奇しくもそれはサーベルを手にする前に必要なレッスンでもあった（『講談社内通信』より）

で優勝し日章旗を上げることが狙いであったことを知る者はほとんどいない。日本人でそのことを知る者も他界した。フェンシング界でも、森寅雄の功績は知っていても、彼が日本の武士道をもって、人種差別の強いアメリカのフェンシング界に、一人で斬り込んで行った過去の栄光を知る者も少なくなった。

森寅雄がサーベルをもつと、全米で右に出る者はいなかった。右片手で持った剣先を正眼からやや高めに構え、ピストの上をジリジリと相手を追い詰め、時にはみずから突いて相手を起こし、また相手が突いてくるところを、まるで擦り上げて面打ちを決めるようにして相手の左肩を斬っていく。

片手突きから、相手が引くところを相手の左肩に斬りつけて勝ったこともある。いずれも斬られた相手は、二十二歳で海を渡った大日本武徳会剣道錬士《れんし》五段、森寅雄の過去を知らないアメリカ剣士たちだった。

もしも、森寅雄なる剣士が、満州で敵のゲリラ兵を斬った筋金入りの剣士だということを知っていたら、おそらく森に剣先を向けなかっただろう。また、森寅雄が「昭和の武蔵」と呼ばれたほどの剣客であることを知ったら、戦わずして防具を脱いでいたかも知れない。

「知らないだけに、戦う相手が気の毒だった」

とロサンゼルス在住の日系人たちが語った。

しかも、アメリカに来てフェンシングを覚えて半年しか経たない頃のことである。折しも、一九三六年（昭和十一年）はドイツにおけるオリンピックの年で、一九四〇年（紀元二六〇〇年）には東京でのオリンピック開催が決まっていた。森寅雄は、オリンピック会場に日章旗を上げる夢を抱いて渡米している。

だが、寅雄の夢は、一九三九年（昭和十四年）、ヒトラーのポーランド侵攻で始まった第二次世界大戦で虚しく消えることになる。日本のスポーツ界も、この大戦をきっかけに、積木崩しのごとく崩れていった。

ちょうど日本のスポーツ界は一九三二年（昭和七年）のロサンゼルス・オリンピックで黄金時代を迎え、ようやく頂点を目指していた。一九三名の日本選手団は、陸上で織田幹雄、南部忠平、西田修平、馬術で西竹一大尉らが活躍、一五〇〇メートル水泳は十五歳の少年北村久寿雄が、背泳では清川正二（のちの日商岩井社長）が、女子の平泳ぎでは前畑秀子が、ともに優勝。八〇〇メートルリレーも日本が優勝し、その勢いで一九三六年のベルリン大会に挑んでいる。

ベルリン大会では二十四年ぶりに孫基禎がマラソン王者になった。フィールドでも田島直人が三段跳びで優勝。さらに水泳界も男女とも優勝者を出し、日本ではオリンピックムードが高まっていた。

　そして、七月三十一日、ベルリンで開かれたIOC総会では、36対27で、日本がヘルシンキに勝ち、ついに第十二回大会の開催場所は初めて東京と決まった。翌日、東京のデパートの屋上では早くも五輪旗が立ちのぼった。

　しかし日中戦争（一九三七年）を理由に、東京開催は中止され、IOCは東京にかわってヘルシンキ開催を決定した。それでも報知新聞記者森寅雄は、ヘルシンキ大会のフェンシング種目に出る夢をいだきつづけた。一時帰国した彼は、フェンシングの道具を両腕一杯に抱えて、丸ノ内東二号館地下一階にあるフェンシング道場を訪れている。

　ここから、日本の強化トレーニングが始まった。だが、第二次大戦勃発でヘルシンキ大会も中止となり、寅雄の夢は、またも虚しく打ち砕かれたのである。

今も息づいている森寅雄のスピリット

「タイガー・モリの息子来る」との新聞見出しは、戦後の昭和四十年頃、娘婿の大川平三郎がブラジルへフェンシングコーチに行った時、邦字新聞紙上に載ったものである。

　森寅雄が剣道普及のためブラジルへ渡るのは、戦後昭和三十八年である。戦後の寅雄は剣道を世界中に普及し、世界選手権を開催する夢を持っていた。

　昭和三十八年頃には、アメリカ全土、ハワイ、イギリス、フランスなどに剣道が広まっていた。ブラジルも日系人の剣道家が増え、しきりに森寅雄と連絡をとっている。森寅雄の働きかけで、ようやく三十八年にブラジル・サンパウロでの合同稽古が実現した。

　早稲田大学および野間道場で師範をつとめた渡辺敏雄（故人・範士八段）も、日本からの使節団の一人だった。渡辺も野間道場で寅雄の影響を受けた。彼は、野間恒・寅雄の剣風をよく知る一人だが、一行がアメリカに渡った夜から三日間、二人は徹夜して将来の剣道について語り明かしている。二人はロサンゼルスの道場やサンパウロの道場などで雌雄を決する試合を演じて見せた。特にサンパウロでは若い二人の熱剣が火花を散らすので、ブラジルの剣道家たちは固唾をのんで見守った。その時の寅雄の美しい剣風が、サンパウロの新聞記者たちのペンを走らせることになる。彼について、記者の間では、

「タイガーだ！」

「モリだ！」

　といったニックネームが持ち上がる。しかし「タイガー・モリ」の名は、すでに戦前の昭和十二年頃、アメリカ西部の紙上をにぎわせていた。フェンシング界の西部チャンピオンになり、その名は全米中に広まっていたのだ。その後、鳴りをひそめていたままでだった。

　残念なことに、ブラジルでは本名の野間寅雄の名を知る者はいなかった。寅雄が、世が世なれば報知新聞社の社長になる人物だったことを知るよしもなかった。それでも、多彩な技と真剣味のある剣風は、ずぶの素人にも伝わってくるものがあった。寅雄が竹刀を正眼に構えた時、その剣先からは真剣さながらに光りさえ放たれていた。

ただ、当時の新聞記者たちの間では、フェンシング界の森寅雄の名で知れ渡っていた。寅雄の弟子であり娘婿でもあり、かつてはフェンシングの日本代表選手で、渡米後は全米選手権三連覇という偉大な記録保持者の大川平三郎がブラジルでの試合に出た時には、森寅雄が義父に当たることを知った記者たちの間で、「タイガーの息子だって」との情報が広まる。そして各紙が「タイガー・モリの息子来る！」と書きたてた。フェンシングの日本人チャンピオンの来伯は、亡き森寅雄を彷彿させるものがあった。しかも大川平三郎は、世界で数人しかいない、A級の審判員でもある。

それには、英語のほかフランス語にも堪能でなければならない。そして世界的なチャンピオン保持者でなければならない。オリンピックや世界選手権大会の決勝戦の審判を務めるのは、大川のような数少ないA級審判員に限られた。ブラジルのフェンシング大会では、唯一の日本人剣士が決勝戦で審判する姿が眩しかったのである。またそこに日本人がいることで、記者たちは森寅雄のことを思い出していた。

フェンシング界における森寅雄は、世界的に有名だった。彼はローマ大会、東京大会、メキシコ大会など、アメリカチームのコーチとして世界を飛び回った。その頃の寅雄は、ロサンゼルスのガーディナーでモリ・フェンシング・アカデミーを経営するプロ剣士であった。

モリ・フェンシング・アカデミーはハリウッドに近く、アメリカ西部ナンバーワンの彼の道場には、ハリウッドの俳優たちが弟子入りしていた。映画監督や女優たちも、壁に大きな鏡をはめた道場にきては森寅雄にコーチを受けた。

森寅雄にコーチを受けた主な人に、次のような人たちがいる。

「ザ・グレート・ホワイトホープ」の作者ハワード・サックラー、男優のトニー・カーチス、アカデミー賞受賞監督のロマン・ポランスキー、女優のシャロン・テイト、パティー・デューク、イベット・ミミュー、指揮者のズービン・メータ、アカデミー賞受賞者で作曲家のプロニズロフ・ケイパー、男優のアレックス・コード、ホルスト・ブッフホルツ、作曲家のジャック・ニチ……その他多くのハリウッドの役者たちが森寅雄にコーチを受けている。「ロビン・フッドの冒険」で知られるエロール・フリンもその一人である。ほとんどがホワイトアメリカ人だった。

なかには趣味や美容のために入門する者もいた。

しかしトニー・カーチスの場合はそうではなかった。トニーは、彼の主演映画で剣を交えて闘うシーンがあり、そのシーンのために映画監督ともども、モリ・フェンシング・アカデミーを訪ねている。森寅雄が後継ぎにさせたいぐらいの熱心さだった。彼は、寅雄がかつて日本一の剣道家と称されたことを知っており、彼に武道の精神を話してもらうのが楽しみでもあった。そのたびに寅雄は木刀とフェンシングのサーベルを持って剣道との違いを教えた。トニーは、ご機嫌だった。まるで兄弟のようだった、と関係者たちは語っている。

一九六八年（昭和四十三年）になると、森寅雄の名は広告界でも話題に上がる。彼の道場や剣道家のイメージが、アメリカ全土に伝わり、「広告に使ってみよう」ということになったのである。

スイスに本社を置くネスレは、全世界に独立法人を持つ大手食品会社である。日本ではコーヒーのネスカフェで有名だ。華麗なメロディとともに流れる、あのコマーシャルである。アメリカ・ネスレは、本社がニューヨークにある。ここの宣伝部が、いち早く森寅雄に白羽の矢を立てたのは一九六八年である。この年、森寅雄をモデルにしたテレビコマーシャルの話が持ち上がり、秋頃には録画された。

アメリカ全土での放映は、年をあけた一九六九年（昭和四十四年）の春からを予定していたが、一九六九年一月八日午前十時、狭心症による寅雄の突然の逝去で、コマーシャル放映は中止され、「幻のコマーシャル」に終わった。濃紺の稽古着に身をかため、真剣を振る森寅雄の雄姿は、ついに日の目を見ずに終わるのである。

だが、今もって森寅雄は、アメリカ西部の剣道界はもとよりフェンシング界でも剣聖である。娘婿の大川平三郎は、義父・森寅雄の遺志を継ぎ、ロサンゼルスの大学や道場で、モリ・フェンシング・アカデミーのスピリットを現在も広めている。

移民の国アメリカで剣道普及を

森寅雄が、剣道普及のためアメリカへ出発するのは、一九三七年（昭和十二年）一月十四日である。日中戦争（一九三七年）が始まる半年ほど前のことで、親中国的な立場をとっていたアメリカでは、日本人排斥が日ましに強くなっていた。

日本人排斥運動がカリフォルニアを中心に高まるのは、一九〇六年頃からである。サンフランシスコで日本人学童隔離問題が起こったのをはじめ、移民制限、差別的立法の制定へと発展していく。むごいものであった。

次の四つのことが、法案にうたわれている。①アメリカ住宅地に居住する日本人および他の東洋人を隔離する。②アメリカ市民でない外国人の土地所有を禁止する。③外国人がカリフォルニア州内にある会社の支配人となることを禁止する。④日系小学生の校舎を分離する。

つまり、日系の子供はアメリカの学校への入学が禁止され、排除されるということだ。

移民法の改正、新帰化法、外人土地所有禁止法が成立しており、日本人を含め、外国人による土地所有の禁止と借地の制限を取り決めている。

もっとも「移民の国アメリカ」では、つねに少数民族への差別と迫害はつきものだった。とくに新参といわれる民族は、つねに迫害されてきたのである。古くはユダヤ人、次いでアイルランド人、ドイツ人、ポーランド人、スロバキア人、アル・カポネらイタリア人、インド人、西部の鉄道人夫として酷使された中国人、そして遅れて日本人やフィリピン人とつづく。

中国人の場合、一九〇二年には立法措置により完全に締め出されている。次いで日本人排斥は、とくにカリフォルニアでは一九二二年以降に激しくなる。

第一次世界大戦終結後になると、日本のシベリア出兵や山東問題などをきっかけに、カリフォルニアではカリフォルニア排日協会が新たに組織された。排斥運動はさらにエスカレートし、次の五項目を提案している。
①日本人の借地権を奪う。②写真結婚の女性渡米の禁止。③立法手段によって日本人移民を

禁止する。④日本人には永久に帰化権を与えない。⑤アメリカでの日本人出生者に市民権を与えない。

またカリフォルニアでは排日土地法が成立するや、日本人移民は次々と農地から締め出された。ついには一九二四年五月、日本人の移民を禁じている。各地で日本労働者の追放事件が頻繁に起こった。さらに農地だけでなく、日本人の漁業排斥法案までが提出された。

しかし日本人も黙ってばかりはいられなかった。特に日系二世たちの間で「日系人の地位向上」をうたった差別撤廃運動が盛り上がるようになる。

一九二〇年代、シアトルでは、白人労働者と有色労働者との喧嘩があった。白人労働者はまず中国人街を襲い、多数の死傷者を出した。つづいて日本人労働者街が襲撃されたが、そのとき日本人の中に剣道をたしなんだ旧士族がおり、日本刀で防戦して白人労働者を追い払った、という経緯もある。

一九三〇年（昭和五年）、シアトルで日米日系市民協会が設立される。ここでは第一次世界大戦に従事した日本人移民が市民権を再度取得することに成功している。さらにもうひとつ、日系二世に課せられていた再入国時の制限撤廃も、ようやく成功した。

一方、同じ日系人の間でも、一世とアメリカナイズされた二世との間に「教育」をめぐって、溝ができていたのも事実である。

こうした中で、日本人魂を呼び戻そうという動きがあった。それは心のささえとなる剣道の普及につながった。最初は武専の中村藤吉が日系二世を指導したが、スパイ容疑で逮捕され、入国が禁止された。そこで後継者に寅雄が指名された。

森寅雄は、格好の人物であった。しかし彼自身は、さほど大それた野望はない。彼は、剣道を指導しながらフェンシングをマスターして、東京オリンピックで日章旗を揚げる夢のため、伯父の野間清治に背を向け、日本を離れたかった。それは同時に、いずれ報知新聞社の経営を引き継ぐべき立場にあり、また戊辰戦の白河口の戦いで戦死した上総飯野藩の剣術師範・森要蔵の血を引く森寅雄を新聞社の社長にすることで、先祖の名を広めたいという野間清治の希望に背くことになる。

そこまで彼を追い詰めたものは、昭和九年五月の天覧試合出場を決める、東京都予選決勝戦での敗北であった。従兄・野間恒《ひさし》との決勝戦は、今も謎である、専門家の間では、寅雄有利の見方が圧倒的だった。寅雄は一回戦から一本も取られずに、従兄・野間恒との決勝戦にぶつかる。しかし、寅雄の剣はこの時なぜか止まってしまった。ついに恒に逆胴を取られ、敗れた。

兄弟のようにして育った野間恒(右)と寅雄。努力型の恒と才気換発の寅雄はじつに対照的だった

野間恒は翌月の天覧試合で優勝し、数日後、帝国ホテルで菊池寛や吉川英治ら文士を招いて盛大なパーティが行われた。恒はスターだった。

敗れた寅雄は間もなく召集され、満州の前線に送り込まれた。除隊後、日本に帰った寅雄は、しばらくの間、報知新聞社で働き、渡米費用を貯めている。彼は、アメリカで剣道を普及するかたわら、働いていた農場で知った西洋剣術であるフェンシングをマスターし、フェンシングの剣士としての道をさぐるのである。

出港の朝、口髭《ひげ》をたくわえた伯父・野間清治が、講談社旗と報知新聞社旗を立てた車で横浜港まで見送りにきた。渡航費用の一部を持たせている。この時の寅雄の身分は報知新聞特派員である。

ロス行きの途中、ハワイで歓迎される

海はゆるやかにうねり、おだやかな船旅だった。

日本郵船の浅間丸は十四日、横浜港を出港すると、一月二十八日に、ホノルル港に寄港した。横浜・ホノルル・サンフランシスコ・ロサンゼルスへ行く「シスコ航路」が開設されるのは大正十五年で、それまでは黄金航路といわれた「沙市線《シアトル》」だった。しかし、ハワイやサンフランシスコ、ロサンゼルスなどへの移民者が増えるにつれ、サンフランシスコ航路が「沙市線」に代わって黄金航路となる。

森寅雄が乗り込んだ浅間丸にも、アメリカへ帰る人に混じり、移民者が多く乗り込んでいた。彼らは家や畑を売り払い、ハワイやロサンゼルスなどに夢を求めていた。彼らの眼には不安と希望が入り混じっていた。寅雄はこうした移民たちとも話を交わし、知り合う。

この時の寅雄の携帯品は剣道具一式を詰め込んだ信玄袋と三本の竹刀、日本刀一振り、トランクという身軽なものである。当時二十二歳の彼は報知新聞社社員で、剣道五段錬士（今の七段）であった。骨太で、身長は五尺八寸（一七四センチ）ある。髪にポマードをべったりと塗り、いつもダブルの背広に身をかためて、役者の顔をしていた。若い頃の彼は、よく俳優の長谷川一夫と間違えられたという。

寅雄は剣道で名高い巣鴨中学校を卒業すると、伯父・野間清治が社長をしている報知新聞社に入社し、見習い記者や業務の仕事に従事した。

大日本雄弁会講談社および報知新聞社社長の野間清治は、寅雄の母ヤスの兄になる。群馬県桐生にある絹織物業・野間株式会社は、地元の業界で一、二位を競うほどの盛況ぶりだった。ヤスは前橋から養子を迎えて織物業を開業。その売り上げで出版社を創業した長兄・清治に資金を援助した。資金面だけでなく、大量の米を届けては物心共に援助している。

森寅雄は、正確には野間寅雄である。寅雄の名付け親は野間清治で、先祖の森要蔵の息子で剣客だった寅雄の名からとっている。報知新聞社に入社するまでは野間寅雄で通していたが、中学三年のとき、森の姓に変わった。報知新聞社時代は、野間寅雄ではなく、もっぱら「寅雄さん」と呼ばれ親しまれている。

寅雄は、社会部記者兼業務部員だった。

昭和十一年、松竹歌劇団で役者の待遇改善をめぐる騒動事件が起きた時、彼も現場に駆けつけて取材している。しかし彼自身、記者生活は向いていなかった。彼はやはり剣道家になりたかった。業務の仕事が終わると、音羽町の野間道場に行く。ここでは持田盛二のもとで早朝六時からと夕方の二回、稽古している。ダンスが好きで、その腰の使い方を剣道に取り入れた一人であった。

野間清治が彼を講談社でなく、報知新聞社に入れたのは、寅雄を後継者にするためで、あえて記者と業務の仕事に従事させたのも、新聞社経営を早く覚えさせるためであった。しかしその気にない彼は、自分の夢を叶えるため、新しい船出に向かっていた。

一月二十八日、ホノルルに到着した森寅雄を出迎えた者は、ハワイの剣道家ばかりではなかった。移民した日系人も、波止場に集まってきていた。

到着すると、すぐにワイアラエ道場に案内される。ここで武徳会ハワイ支部の剣道家たちと剣を交じえて知遇を得ている。

二十九日と三十日は、エワ道場を訪ね、移民した日系人に剣道を教えた。彼は日本を発つとき、密かに、これだけは日系人に見せたいと決めていたものがあった。それは講談社映画部が映画フィルムに収めた『武道日本』である。このフィルムは、一月三十一日から二月二日の三日間、森寅雄歓迎大会で放映した。

この歓迎大会は、ハワイのワイパフ曹洞宗信友会が主催したもので、信武館道場日本人社交倶楽部で開催された。剣道家だけでなく、ハワイで開業している上原病院長など、信友会の関係者、日系移民ら千人近くが会場を埋めている。

当時、二月一日付の『ハワイ時事』はその時の模様をこう伝えている。

「信武館師範西本二段指導の下に青年数名の基本練習があり、それより森錬士指導にて稽古に入ったのであるが、その猛烈な稽古振りと隼の如く替る剣のすさまじさを披露した。出場剣士は、残らず一分間宛森錬士より稽古を受け、最後に大森流師範としての居合術が公開された」

森寅雄は歓迎会の席上、昭和九年四月の天覧試合都予選の決勝戦で、従兄の野間恒に敗れた一戦を問われている。その時の寅雄は、からからと笑って、敗れた試合を語っている。その顔には、大会前夜、伯父に呼ばれた時の「苦しい思い出」のことは、すっかり捨ててしまったかのようだった。

むしろ彼は、日本人の心を支えてきたものは武道であり、これこそ昭和の日本人が海外で生きるために欠かせない精神的な柱であると説く。

森寅雄は昭和九年の天覧試合のフィルムを見せながら、試合経過を解説した。

寅雄のハワイ滞在は一ヵ月間であった。

二月二十一日には、ヒロ市で武道協会の開会式がありそこへでかけている。ここでも彼は、剣道を教授する。彼がハワイ二世の子供たちについて語った感想がある。『ハワイ時事』記者の質問に答えたものだが、当時のハワイ二世たちの熱心な姿が窺える。

「昨夜（二月五日）アイエア道場に行きましたが、七、八歳の児童の意気込みにはすっかり感心しました。ともかく全力を尽くしてぶつかって来るあの気魄には日本の子供にも見られる凄味があり、非常に愉快でした。実はホノルルで一道場に稽古しましたが、どうも少年諸君の気力が足りず、いささか失望していた矢先だったので、アイエアでは意外の感に打たれました。青年剣士の方は一言にしていへば精神力欠乏、剣道に必要な溢るる闘志に欠けていて、甚だ物足らなく思うのですが、これは指導の任に当たって居らるる諸先生とも御相談の上、今少し溌剌たる稽古に矯正したきものと痛感しています。中には太刀筋の優れた方も多多見受けますので、そこに勇気を増進せしめたら母国剣士と試合されても気合負けの不覚はとられまいと思われます」

「日系人に気迫を」と説いたこの内容は、その後ロサンゼルスで、大日本武徳会ロサンゼルス支部の歓迎稽古の印象でも触れている。

ヨーロッパ戦線の日系米兵と武道

ロサンゼルスの日系二世たちもそうだったが、ハワイの二世たちは、第二次大戦のイタリア、フランス南部戦線に「日系米兵」として出兵させられた。彼らを支えたものは、ほかならぬ森寅雄たちが説き続けた「気迫」と「勇気」だった。

若槻泰雄の著作『排日の歴史』は、アメリカにおける排日の実態を発《あば》いた名著である。この中に、「今次の大戦には三万有余の二世がアメリカ軍として従事し、ヨーロッパ戦線や太平洋でこの薄情な祖国（アメリカ）のために血を流した。特に二世ばかりで編成されている四四二連隊戦闘隊がイタリア、フランス戦線で彼らの祖国（アメリカ）に示した忠誠は、さすがに冷たいアメリカ人をも感激させた」とある。

特に、アメリカ軍が五ヵ月間攻めあぐんだゴシック戦線西側のドイツ軍陣地を、日系二世軍はたったの四日間で突破している。またフランス南部のブルニエをドイツから解放したのも、日系二世の四四二連隊だった。ドウス昌代著『ブルニエの解放者たち』によると、小柄な日系二世たちが建物の間を縫うようにして突撃して行く姿が描かれている。包囲され釘づけになっていた友軍を救い、短期間でドイツ軍から解放したのだった。さらに同じフランス南部で孤立したテキサス大隊を救ったのも、やはり「死に隊」と呼ばれた四四二連隊だった。救出されたテキサス大隊の将兵たちは、日系二世の兵士たちに抱きついて感泣している。

いずれも、中村藤吉と森寅雄が教えた銃剣術の「つけ剣突撃」の白兵戦によるものだった。この中には寅雄がハワイやロサンゼルスで剣道を教えた者も多かった。

しかし、日系二世兵たちは「気迫」と「勇気」でイタリア、フランス南部を解放したものの、全アメリカ軍中最大の死傷者を出した。二世の死者は六五〇名、負傷者は四八八一名だった。当時のアイゼンハワー参謀総長はこの日系二世部隊に感謝状を授与している。また、日本に原爆を落とすトルーマン大統領はホワイトハウス南側のエリプス広場での閲兵式のさい、

「諸君は敵と戦ったのみでなく、人種的偏見とも戦った。勝利は諸君たちのものである。」

と演説した。

戦後、アメリカにおける排日運動の気運が急激に衰え、アメリカが日本を見る眼を変えていくのも、またケネディ大統領の「新移民法」実施も、こうした日系二世たちが流した血の色で塗りかえられたものだった。

剣道を通じ、日系人に「気迫」と「勇気」を強調した森寅雄は、一九三七年から一年間ロサンゼルスの農場で働いたり、中華レストランで皿洗いをしながら南カリフォルニア大学に通った。剣道を教えるかたわら、南加大ではユーテン・ホーフに習ってフェンシングをマスターする。

ユーテン・ホーフはベルギー生まれの剣士だが、無冠に終わっている。渡米後、全米選手権で活躍し、南加大のフェンシングコーチに就任。寅雄はホーフを知ってから、本格的に剣道に近い「サーベル」を中心にフェンシングの腕を研いた。

とにかく寅雄のサーベルは凄味《すごみ》があった。相手を起しては切り返して、一瞬のうちに左肩を切っていた。彼はたった六ヵ月で連戦連勝するまでになる。一九三七年のカリフォルニア州大会で早くも優勝し、その年ニューヨークで開かれた全米フェンシング大会では二位になった。

しかし、森寅雄が、満州での前線をくぐり抜けてきたことは、当時誰も知らない。野間道場ナンバーワンの森寅雄の剣は、相手に触らせることもなく、一刀のもとに敵を斬ってきた。実戦の剣道だった。コーチのホーフも、そのことは知らない。寅雄が前に立った時、彼の背後にはいつも日の丸の旗がなびき、思わず身がすくんだという。サーベルを持った時の寅雄は、間合を一寸ずつ詰め相手の心を読み、起していた。その誘いに乗って敵が斬り込むところを、数百分の一秒の早さで切り返している。

この噂は、たちまちロサンゼルスの日系人やフェンシング愛好家の間に広まった。

第１章 織物の町、桐生と出版王、野間清治

祖父森要蔵は千葉道場の四天王と呼ばれた剣客

森（野間）寅雄は群馬県桐生市の織物屋・野間株式会社の九人兄弟の四男として生まれた。父は岡田善次郎、母は野間ヤスである。岡田は前橋の生まれで、織物工だった。野間家に養子婿として入り、前橋から桐生に出て骨を埋める身となったが、みずから経営する織物業によって義兄の野間清治が起業した大日本雄弁会講談社を軌道にのせた。講談社が幾度となく経営難に陥るところを、岡田とヤスは金品で救ったのである。

野間は元々、橘姓である。伊豫国野間郡野間族の中から出ている。文学博士中村孝也の著作『野間清治伝』によると、「この地は應神天皇の御子、飽速玉命《あくはやのたまのみこと》三世の孫、若弥尾命《わかみおのみこと》が怒麻《ぬま》国造となられたところであり、今もなお氏神として野間神社があり、氏寺としては野間寺が存す

る」とある。

ここで中村孝也の『野間清治伝』の中から、野間家の系図をたどってみる。

所伝では、野間喜兵衛という人がいた。この野間喜兵衛は寛文四年二月九日に没している。この喜兵衛の子に喜兵衛正則がいる。初め、上総飯野藩保科家に仕え、正徳六年四月十三日に歿している。妻は河村家から嫁ぎ、寛延四年八月二日に歿した。この二人の間に一男二女があった。長男は行董。二人の女は実名不明。

行董の妻は保科家の家臣大塚又左衛門の娘で、寳暦四年六月二十五日に歿している。行董は飯野保科家の第二代兵部少輔正賢で、のち代官を勤め、飯野陣屋に居住した。元文の頃、藩主が大坂城番となったとき、留守居として出府を命ぜられ、江戸に出た。その後、藩の大目付に任ぜられる。

この野間行董は武芸の嗜《たしなみ》が深く、甲州流の軍学に精通していた。また片山流居合術の達人でもあった。この行董の二人の妹は、上が板倉侯の家臣大沼丈大夫の妻になり、下の妹は久留米の有馬侯の家臣浅尾氏に嫁ぐが、間もなく離縁。土佐の山内侯に奉公に出て老女を勤め、瀬山と名のった。その後、小倉の小笠原侯に仕え、ここで小笠原家より書道の免許を受けている。

飯野藩は、保科氏二万石の小藩である。保科は信濃の豪族で、正光のとき徳川家康に仕え、慶長六年、信濃国高遠城を治めている。しかし、正光には嗣子がなく、将軍徳川秀忠の庶子、幸松丸を養子とした。この幸松丸がのちの保科肥後守正之で、寛永十三年、出羽国最上城二十万石を領す。その子、正貞は慶安元年、上総国飯野（現在の千葉県富津市）に転封となる。

森要蔵と飯野藩の家臣野間好雄の関係に触れる。

森要蔵は、細川越中守の家臣で、文化七年、江戸白金台町の熊本藩邸で生まれている。要蔵は千葉周作の門弟となり、北辰一刀流組太刀を編み、千葉道場四天王の一人となる。二十歳で、土佐藩士圓數馬の娘えいと結婚した。要蔵は結婚して十年後、天保十年七月、剣術修業のため、その子初太郎と共に常陸の土浦藩に入り、藩士和田虎之助の家に逗留して一刀流の剣術を学んだ。それから二年後の天保十二年七月、要蔵は上総飯野藩主の保科能登守正丕に武術師範として召抱えられる。その後、父子ともに飯野藩に禄仕して、細川家には帰参していない。

要蔵四十三歳のとき、のちに野間寅雄の名にちなむことになる三男寅雄が江戸の麻布永坂の藩邸で生まれた。長兄の初太郎とは二十もちがう。

飯野での要蔵の家は、野間道明という人物の家と同じ一廓内にあって、互いに隣り近所である。要蔵の長女ふゆは、天保十二年七月九日、要蔵夫婦が飯野藩にきた年に生まれており、のちに野間道明の三男好雄に嫁ぐことになる。

しかし、ふゆは三度めの結婚であった。初めは十七歳のとき河内丹南藩士高木秀五郎に嫁ぐが、明治三年九月に実家に戻っている。次に同年十二月、飯野藩士勝保乙吉郎と再婚。しかし明治五年十二月、夫乙吉郎が歿し、長男鉄太郎を実家の兄に預け、明治十年十月二日、野間好雄の籍に入っている。ふゆは、好雄より十歳上だった。

同じ廓内で生まれ育った幼なじみの野間好雄と森ふゆ。明治維新の動乱期をはさみ、ともに賊軍の汚名をきせられた二人だった。

祖母ふゆ、夫野間好雄と桐生へ流れ着く

森寅雄の母ヤスおよびヤスの兄清治がどういう境遇で育ったかを知ることで、野間寅雄が森寅雄に「姓を変えさせられた」謎が解ける。それには、さらに二人の父母にも詳しく触れなければいけない。野間好雄と森ふゆのその後についてである。

廃藩置県後、飯野藩士たちは離ればなれになった。東京に出た者、商人になった者など、いずれも賊軍の悲哀を背負って生きていた。

野間好雄は明治九年頃まで飯野村にいた。傷を負った者どうしが一緒になっている。入籍は十年だが、それ以前に飯野村で結婚している。

明治十年は、征韓論で敗れた西郷隆盛ら鹿児島士族が「政府にもの申す」と熊本城を攻めた、いわゆる西南戦争の年である。会津や飯野の旧藩士たちの中には警視（抜刀）隊に加わり、西郷軍に斬り込んだ者が多かった。

その年、野間好雄とふゆは東京に出たが、好雄は警視隊には入らずに商売を築こうと、芝で乾物屋を営んでいた。しかし、この乾物屋も〝武士の商法〟の習いで、プライドある飯野藩士には向かず、間もなく店をたたむことになる。

その後、二人は流浪の旅に出ている。竹刀と薙刀《なぎなた》を肩にして、武州から上州路への当てのない旅であった。

明治十年秋、二人は東上州の桐生に着き、桐生本町から渡良瀬川の支流に架けられた盛運橋

を渡り、川辺寄りにある新宿六本松に逗留している。ここで、夫婦は村の子供たちに剣術を教えた。そのうちに村の人に道場を建ててもらい「文武両道」を説き始める。

桐生は江戸時代から機場《はたば》である。

野間好雄とふゆは、小さな川で水車を回し、それを動力に使って機織機械を動かすさいの芯棒を削る仕事を内職にした。いわば機場の下請けをしながら現金を得るという貧しい生活だった。もっとも、好んで芯棒をつくっていたわけではない。夫婦は行き詰る毎日を送っていた。

そこで野間夫婦の生活を見かねた、同じ中原に住む暮田三千造という世話好きな男との出会いが、二人の運命を変えた。暮田は新宿小学校の田口広吉教頭を訪ね、野間夫婦の身の上を話してくれた。

文学博士中村孝也は、田口広吉の教え子である。晩年の田口を訪ねて取材している。この時に、野間好雄とふゆが、私立新宿小学校に勤めた時の状況はおよそ次のようである。

私立新宿小学校は、明治六年十月十九日、小島万吉の持家であった機屋を改造してつくられた。木造二階建の建物で、場所は新宿村七十七番地である。教職員数は、明治七年一月で教頭一人、助手三人の四人だった。

明治九年に、公立新宿小学校となったが、この時は資本金が三千五十円と記されている。

田口広吉が、群馬県士族一級訓導補心得として教頭になるのは十一年六月である。教頭となって間もない頃で、教職員は田口を含めて五人。この年の田口は、弱冠二十歳だった。

この、二十歳の田口との出会いが、野間好雄を天職に導く。田口は学校の勝手方の座敷を掃除し、琉球表の畳を張り替えて夫婦を迎えている。その対面の日、ふゆは喜び、田口にこう語っている。

「お陰さまで助かりました。幾度か自決しようと思いました――」

野間好雄は、むしろ妻のふゆに助けられた、といってよい。のちの田口翁の談話の中には、こうある。

「好雄さんという人は鬚《ひげ》が生えていまして、剣道はよくできるけれど、学問の方はさっぱり駄目なので、仕方がないから俸給を毎月三円差上げました。留雄さん（ふゆのこと）は文筆が立ち、書も上手なので、三円五十銭差上げました。留さんはなかなかの美人で、修業者などがくると、いつも薙刀で追ひ払うので大分評判でした」

野間清治は、明治十一年十二月十七日、この新宿小学校内の住宅で生まれた。それから二年後の十三年十一月二十三日、寅雄の母となる長女ヤスが、同じ小学校の住宅で生まれる。

野間家は貧しくても子供孝行

野間家は、しかし清治が小学校に入る前に父好雄と母ふゆが新宿小学校を罷《や》めさせられたため、再び貧しい生活を余儀なくされることになる。生活のため、竹刀を削った経験を生かし、また機織機械の部品や、帯地を捲《ま》く芯にする桐の棒を削って生計をたてた。

夫婦は、二軒長屋に借家住まいであった。ふゆは近所の子供たちを集めて針仕事を教えている。清治は自身のことを「丁稚に出されても苦情の申し立てようのない境涯だった」とも語っている。しかし、好雄は清治を手放さなかった。また好雄は清治に、「裸で値打ちのある人間になれ」と、言い聞かせてきた。

「着物や持物で高く評価されるな。財産や地位や祖先の余沢に依って立つのは男子の本懐ではない。いずれを見ても、山育ちなどと言われぬように光り輝け」と、激励している。

貧しい野間好雄夫婦を見かねて「息子さんを出されては」と、清治を養子に出す勧めもあった。しかし養子の話がもちかけられても好雄は「自分たちの力でどこの家にも負けないだけの教育を受けさせる」「親孝行も大切だが、子供孝行の方は一層大切だ。子供孝行をすれば、自然に親孝行にもなる」と断っている。

貧乏教育者の野間好雄は、手内職をしながら清治を桐生高等小学校から群馬県尋常師範学校に入学させる。明治二十九年四月六日が、師範学校の入学式であった。清治は、この師範学校に四年間通う。

この学校は国民教育者の養成を旨とする学校で、森有礼文部大臣が師範学校を刷新することから生まれた。清治は、寄宿舎に入り、通学する。ここで、「演説文章」を身につけたことが、のちに「大日本雄弁会」をつくる土壌となった。

さらに清治は明治三十七年三月三十一日、東京帝國大学（現在の東京大学）の第一臨時教員養成所を卒業、同時に中等教員国語漢文科免許状を受け、沖縄県立中学校師範学校訓導に任ぜられる。

彼は、明治四十年九月二十日、東京帝國大学法科大学書記になるまでの三年七ヵ月間、沖縄で教員生活をおくった。その間は、酒と女遊びが多く、当時、沖縄中学校校長大久保周八が見かねて、徳島で教え子だった服部左衛子と写真見合いの末、結婚させたといういきさつもある。

服部左衛子は、のちの野間恒《ひさし》の母である。

左衛子が徳島県女子師範学校在学中の教頭が、大久保周八である。左衛子は十九歳で師範を卒業すると、板野郡の御所尋常小学校に赴任している。のちに沖縄県立中学（現在の首里高校）校長になった大久保周八は、野間清治に服部左衛子を引き合わせ、結婚させたのである。

この頃、桐生では、両親のほか妹のヤスが前橋の織物職人・岡田善次郎を婿にもらい、四人家族の生活であった。

ヤスの婿善次郎はよく働いた。当時、絹糸は高く売れた。横浜には絹糸相場がたち、桐生の製糸業者は、糸を担いで売りに行ったものだった。そして野間商店は好況を迎える。

娘のヤスが前橋から善次郎を婿養子に迎えてから、野間好雄夫婦も一緒になって精を出した。ヤスは朝早くから従業員とともに汗を流している。ようやく稼業も軌道に乗ってきた。

その間、兄の野間清治は、沖縄中学（現在首里高校）で国語の教師を勤めている。講演がうまく、なかでも、「里見八犬伝」の物語には熱が入った。こんなエピソードがある。

首里の高台にある中学校の硝子《ガラス》窓は台風などで破れているため、雨の日は雨戸を閉めなければならない。ところが、暗すぎて教科書の文字が判読できなくなる。とくに漢文は読めない。するると生徒たちは、この若い教師に、「先生、八犬伝をやって下さい」と頼んだ。野間は、「うむ」と少し顔をゆがめ、それから教科書を置いて、仕方ないといった顔をした。

「この前はどこまでいったかな」

といって、八犬伝を語り始めるのである。

「それも、太い黒い眉をピクピクさせ、教壇が狭く思われるほどの大袈裟なジェスチャーをまじえて語りつづける。満室寂として咳ひとつ聞こえない。一同は肘を張り、肩を怒らし、恍惚として魅入ってしまった。」

生徒の一人、又吉康和の談話が残っている。

また、この頃から、すでに野間清治は出版業に興味を見せていた。それは、三年生の国語の時間でのことだった。八犬伝の講義を途中でやめると、「一万円貯金」の話をしている。

当時、つまり左衛子と結婚する前の野間清治は酒飲みで、多額の借金地獄で苦しんでいた。そのことは首里の町では有名だったし、生徒たちも知っていた。その飲んべえの野間清治が、八犬伝の講義の途中、突如として話題をかえたのである。

「一万円は大金だ。これを資本とすれば大抵の事業に手を着けられる。一万円で工場を経営できる。機械を据え付ける。職工を集める。生産品を売る。儲けた金で工場を拡張する。事業はますます隆盛になる。鉱山業も、出版業もやれる。学校経営もやれる」

このあと、

「そこで乃公《だいこう》（乃木将軍のこと）は大いに発憤して一万円貯金を目標に節約生活に入る」

といって、生徒たちを笑わせている。しかし、結婚後も彼の金の使いは荒く、あいかわらず左衛子夫人を困らせていた。

余談だが、野間清治は沖縄の女性の情の深さにひかれていた。彼はのちに講談社を起こし、出版に専業するさい、数人の女中を雇うが、みんな沖縄の女性たちだった。

野間清治の沖縄生活は、中学校教諭が明治三十七年三月三十一日から三十九年十月十二日までの約二年と七ヵ月である。

その後は沖縄県属になる。三十九年十月十三日から四十年三月一日までの五ヵ月間であった。四十年三月一日から同年八月二十七日までの六ヵ月間は、沖縄県視学（現教育委員会）で、この年の八月一日に沖縄で服部左衛子と式を上げている。清治三十歳、左衛子二十五歳だった。

結婚から二ヵ月後に、野間清治は東京大学法科大学の首席書記となる。彼が東京に出るのは夢であり、すでに出版業の構想もできていた。転任の話があると、すぐに飛びつき、十月、借金を清算して鹿児島行きの船に乗り込んだ。

船は鹿児島から豊後水道に出、瀬戸内海に入り、神戸に着く。そこからは汽車で東京へ出ている。

この書記官時代も、また貧乏生活だった。野間清治が桐生のヤスから資金を借りて出版業に乗り出すのは、「貧乏からの脱却」にあった。

野間清治、雑誌『雄弁』を創刊

東京に出た二人は、共稼ぎであった。二人は下谷区西黒門町に借家して住み、妻の左衛子は京橋区の京華尋常小学校訓導として月俸二十二円をとっていた。それでも貧乏だった。

そこで野間清治は、貧乏からの脱却策として、雑誌『雄弁』の創刊を試みる。そのヒントは、帝大の書記官時代、一流の人物に接する機会があり、また長男恒が生まれた明治四十二年、帝大法学部の弁論部創立に参加したことから始まる。

恒が生まれたことが「貧乏からの脱却」を早めさせた。夫婦は「写字筆耕」の内職までしている。

ちなみに明治四十二年といえば、石川啄木が朝日新聞社で校正マンをしている。貧乏しながら「一握の砂」など短歌を発表していた。

初めのうち、野間清治は千万長者になろうと、米相場と株に手を出して失敗している。以後、相場ものは危険が多く、考え抜いたすえに、清治は断念する。迷える三十二歳の野間清治が「学生の指導を行いたい。弁論尊重の風潮を起こしたい。希《ねが》わくはその雑誌から出発して、自分の目標に向かって行きたい」と着眼するのは、彼が帝大書記官となって三年後の、明治四十二年である。

この頃は、雑誌ブームであった。出版界は明治二十年に博文館が『日本大家論集』を初め二十数種の雑誌を発行している。二十八年には『太陽』を出し、空前の売れゆきだった。さらに『文芸倶楽部』を発行、また金港堂と実業之日本社も、それぞれ『文芸界』など十種以上の雑誌を発行した。実業之日本社は『実業之日本』のほか、婦人雑誌、少年雑誌を発行して成功している。

とくに日露戦争後は、多くの雑誌社が創立された。主に、明治の思想家ものが売れた。

野間清治は、東大弁論部創立に参加したさいに、雑誌『雄弁』を企画し、金銭上のことを桐生の野間ヤスと両親に相談している。これには両親も、また妹夫婦も協力した。

資金に目途がついた清治は、豊富な人脈を生かし、演説ものをテーマとした雑誌に取り組み、発行元を大日本図書株式会社に引き受けてもらう。つまり今日でいうところの編集プロダクションシステムで創刊に踏み切った。発行日は明治四十三年、紀元節の祝日である。野間清治、三十三歳の春だった。

編集室は、引越し先の本郷・坂下町、通称団子坂の借家に置いた。創刊号は一六五頁で、六千部を発行。記者として学生を使った。これがたちまち売れて増刷、合計一万四千部を発売した。

主幹野間清治は、「発刊の辞」の中で、次のように述べている。

「明治の新日本には曾《かつ》て雄弁の時代があった。否、雄弁おこらんとした時代が確かにあった。しかも著しく発達するに及ばずして有耶無《うやむ》のうちに葬られて仕舞った。顧みれば民権自由の旺《さか》んにおこり、国家開説の請願となり、有志の遊説となった頃より、初期の議会当時までは言論の時代ではなかったか。(中略)雑誌『雄弁』は微力なりと云へども此の機運を助長して、此に依って日本将来の文明に光を与へ、血を与へんがために生れたるもの、先輩と新青年との縦横の論議を広く世に紹介し、弁論会の木鐸になり、雄弁の鼓吹者となって、来るべき近き将来に、雄弁を以て中外に誇るべく、時代の先駆をしたいと希ふのである」

主な執筆者には、法学博士の梅沢謙次郎（『藩志強行論』）、同じく法学博士の松波仁一郎（『吾人の意気』）、伯爵の大隈重信（『鍋島直義公の説きたる雄弁法』）、その他の学者が顔をならべる。

第二号は二〇八頁で発行。執筆陣もがらりと変わった。帝大色を少なくし、早稲田大学の大隈重信総長、田中穂積教授、慶応義塾の鎌田栄吉塾長、東京女子高等師範の下田次郎教授など、帝大以外の教授にも書かせている。

この頃の編集長は、帝大の法科の学生、大沢一六で、野間主幹はもっぱら執筆者を訪ねて原稿を依頼して回った。が、新聞社では早くも「三号雑誌」といわれた。三号で廃刊になる、と見られていたのである。

現実には、明治・大正・昭和の三代に渡って発行され、新聞社の予測は大きくはずれた。『雄弁』の三代に渡る発行を支えたものは、「桐生の糸」だった。妹ヤスや両親は、清治の会社が左前になると、桐生から米や味噌、金を送って援助している。また、社員の確保にも、妹のヤスが桐生や前橋方面に手を回し、人をかき集めては東京に送り届けた。

大日本雄弁会講談社がピンチになる原因は、『講談倶楽部』の自社発行にある。

野間清治は出版業に本格的に取り組んだため、「野間は妻君の帯まで質に入れた」とまでいわれている。

そしてピンチのさなか、四十四年十一月に『講談倶楽部』を資金の目途もなく自社発行に踏み切っている。また同時に、大日本図書株式会社で発行していた『雄弁』も自社で発行するなど、大冒険の旅に出た。

この明治四十四年は、二男康清が病死した翌年である。ちょうど二男の弔いで目ざめたようにして『講談倶楽部』が創刊されたわけである。

四十三年九月十四日、二男康清が里帰り先の徳島で病死したことから、非常なショックに陥っていた清治は、気力を失い、しばらくの間、呆然自失の生活をつづけた。

二男の死後、妻の左衛子は教職をやめて、長男恒の教育と夫の会社の経理を見ることになる。康清の死から二ヵ月後の十一月三日、この日は天長節の祝日である。野間清治は帝大に在職しながら出版業に専念するため講談社を創立する。資金援助を桐生の両親と妹夫婦に依頼。そして、康清の死を無駄にしないためにも新雑誌『講談倶楽部』創刊に打ち込んだ。この『講談倶楽部』は愛児の身がわりとも言われた。

長男で、一人っ子の恒は三歳であった。

寅雄、七歳で上京

桐生の妹ヤスと働き者の善次郎は、四男五女に恵まれた。生まれた順から長男仁一、二男恒次、長女定子、三男清三、二女良子、三女市子、四男寅雄、四女豊子、五女幾子である。

講談社が最初のピンチを迎えた大正元年には、寅雄のすぐ上の姉市子が生まれた、

翌年の大正二年一月四日、父好雄が病死した。享年六十四歳だった。房総の飯野村から東京に出て乾物屋をやり、商売がうまく行かず十歳上の妻ふゆと一緒に桐生に流れ着き、学校教員、

寺子屋経営をしながら、長男清治を師範学校、さらに帝大教員養成所に入学させ、娘の織物屋を手伝い、やっと安堵したと思った矢先の急死だった。

父好雄の死後、清治は母ふゆを東京に引きとった。ふゆは大柄で気丈な女性だが、すでに七十四歳だった。二男康清を亡くした野間家にとっては、心強い理解者であった。

大正二年二月十四日、清治は二股をかけていた帝大法学部書記官を辞め、出版事業に専念する。この年は以前から準備した『ブリュータ—ク英雄伝』など四種類の単行本を刊行した。いずれも桐生からの援助でピンチを脱出し、軌道に乗せている。

二つの雑誌の自社発行と同時に、単行本の出版に踏み切った野間清治は、翌年『少年倶楽部』を創刊する。さらに大正五年『面白倶楽部』を、九年には『現代』と『婦人倶楽部』を創刊。

大正三年には『通信教育道話集第一』ほか九種を、四年には『短歌新講』など二十四種の出版物を刊行した。

また大正五年には『雄弁二千五百年史』ほか十一種類の単行本も出版している。二男康清と父好雄を亡くし、さらに大正四年に岳父服部定吉までも失った野間清治は、悲しんでいる間もなく講談社に専念して次々と企画を出し、実現していく。

事業の拡大で、団子坂の自宅兼講談社は手狭となり、毎年三回に渡って社屋を拡張していった。社員も、大人で間に合わなくなると、彼は桐生の妹に頼んで少年を送り届けてもらった。初めて「少年部」制をつくり、少年の教育にも眼を向ける。

少年部をつくった翌年の大正三年六月十一日、妹のヤスは四男を産んだ。

この時ヤスは、父好雄を亡くしたあとのことで、兄の清治に名付けを頼んでいる。清治にとっては、長男の恒が小学校に入る前のことで、また桐生の貧しい少年を引きとって、子弟教育を行おうと決めた頃でもあり、喜んで引き受け、手紙に書いて命名した。「野間寅雄」である。

寅雄の由来は、祖父の森要蔵と共に白河戦で戦死したその子「森寅雄」の名前をそっくり、ヤスの四男の名前に決めたものである。

この頃の野間清治には大きな心の変化が窮える。例えば、大正十年四月二十四日、母ふゆが八十二歳の生涯を閉じた時、臨床の枕元で野間清治は寅雄のことで、「必ず森家を再興させるからな！　安心しなさいよ！」と、呼びかけている。

この頃から、清治には森家の名を残そうという気持ちが強かった。寅雄という名前にしても、四男が生まれていたら、自分の子供にその名を付けていたかも知れない。

千葉道場の四天王の一人、森要蔵の森家の名は、飯野村の長兄初太郎に引き継がれている。

少年時代の野間寅雄（中央）。寅雄の左隣りの人物は中山博道で、彼はすでに寅雄の天稟を見抜いていた

ふゆの最初の子も、兄初太郎の家に預けている。それでも、苦労した母親の名を残したい気持ちが、清治に強く残っていた。

野間清治が、妹夫婦と相談した上で、四男寅雄の姓を、野間から森に変えるのは、ふゆが死んだ八年後の昭和四年三月二十一日である。寅雄は巣鴨中学の三年生だった。この日、桐生市役所に野間寅雄の名を「森寅雄」と改姓して届けている。寅雄が十六歳の時で、すでにこの頃、東京の野間清治の家にもらわれて、従兄の恒と一緒に住んでいた。また剣道の強い、巣鴨学園の剣道部にいた。

しかし、物心がついた寅雄は、なぜ自分が野間から森に姓を変えられたかの事情を知らされても、おもしろくなかった。

寅雄の姉定子は、その頃の寅雄を見ていて、様子がおかしく、「あっ、やっぱり野間の姓に執着しているのかな」と思ったそうだ。

野間から森への改姓を、なぜ昭和四年になって届けるようになったか。二つのことが考えられる。

そのひとつは、母ふゆの臨床のときにふゆと約束したことがある。また桐生でも、寅雄の母ヤスが「いつ、寅雄を森に変えるか」と相談があった。

もうひとつは、巣鴨中学に入る頃から、野間寅雄の剣道が冴え、従兄の野間恒を上回る人気だったことから、恒と寅雄の間に何らかの区別が必要だったからだ、とも言われる。

当時、野間寅雄は「恒の実弟」と思われている。明るくて人気者で、剣道はうまく、すべての面で従兄恒を上回った。十五歳の彼は「トラさん」と呼ばれ、友達も多かった。それとは逆に、野間恒は両親の英才教育のため、孤独であった。内にこもりがちだった。寅雄の人気で、恒からグチのひとつやふたつは出たはずである。

「わが子かわいさのあまり、寅雄と恒が別であると知らせる必要から、寅雄を森の姓にかえさせたのではないか」

こう推測する者もいた。とくに母親の左衛子の方から森姓に改姓するように薦められたとも言われる。

寅雄の祖母ふゆが死んだのは、寅雄が八歳の時で、本当に森の姓を継がせるのであれば、その前後に、改姓届を出してもおかしくなかったのではないか。さもなければ、仕事に追われ、野間清治は森家のことについてはいつでもいいと思っていたのかも知れない。つまり妹ヤスとの会話にもあるように「物心ついてから」と決めていて、たまたま寅雄が人気者になっている時に、事情はともあれ改姓をした、というべきかも知れない。

いずれにしても、寅雄は憮然《ぶぜん》とした日々をすごしていた。その一方で、荒れがちな気持ちを忘れるかのように、寅雄は剣道と社交ダンスに打ち込んでいる。

森（当時野間）寅雄が、東京の伯父の家にもらわれていくのは、大正十一年、寅雄八歳の春だった。

寅雄が、東京に行く日は、家族みんなが桐生の駅まで見送った。姉の定子は、その日の光景を鮮明に記憶しており、こう語っている。

「天気のいい日でした。弟（寅雄）はちょうど南尋常小学校二年に進級する時です。大正十一年三月三十日です。進級の免状式の日は本人はいかず、父がもらいに行きました。その時、上京しました。寅雄は袴姿に飛白《かすり》の着物、その上から羽織をはおり、鞄を肩からかけて、国鉄の桐生駅から、父善次郎に連れられて行きました。本人は大変喜んでいましたね。はり切っていました」

三月の上州は、まだ肌寒かった。

第2章 教育塾、野間道場

野間清治、寅雄を引き取る

三月の上州は雪をかぶった榛名山《はるなさん》から冷たい風が吹き下りていた。丸坊主頭の七歳の寅雄は、父・善次郎に手を引かれ、郷里をあとにした。

野間清治が寅雄を引きとりたいという話は、清治の妹であり寅雄の母であるヤスに何度もあった。清治には、二男の康清が死んだあとは子供ができず、「独《ひと》り息子の長男恒が淋しがっているので、恒の相手をしてくれる男の子が欲しい」と言ってきた。自分が名付けた寅雄を欲しがったのである。姉たちも両親も、寅雄にそのことを話しかけている。寅雄は、この頃から、「上野にいけるなら」ということで喜んでいた。

桐生の野間家は大家族だった。職人たちを入れると、いつも三十人近くいてにぎやかだった。

生活は裕福で、野間家といえば「新宿《しんじゆく》の」という返事がかえってくるほど、その名が知られている。講談社は左前になって何度も資金繰りに困るが、そのつど清治は妹婿の善次郎にではなく、妹のヤスに、直接電話や手紙で資金援助を頼んだ。そのたびに寅雄の母ヤスは、金と米と味噌を送り届けた。

ヤスの長女定子は、伯父の会社に資金援助する姿を見ていて、こう語る。

「母は、講談社の礎石《いしずえ》になった」

「三号雑誌」と時事通信社の出版担当者から軽く見られた雑誌『雄弁』は、社のオピニオン的性格が強かった。この雑誌が昭和の代までつづいたのは「桐生の絹」に支えられたからだった。その後、何度も大ピンチに陥るが、妹ヤスは兄の事業をそのたびに援助する。野間兄妹は、互いに手をとり合って助けてきた。

野間清治から、「寅雄を東京へ」という話が出ていたので、寅雄自身も東京行きを楽しみにしていた。大正十一年三月三十日、桐生を発《た》つ寅雄は、窓からからだを乗り出し、見送りにきた兄妹や母に手を振った。

親子は、両毛線で小山に行き、そこから東北線の上り、上野行きに乗りかえる。上野に着くと、しばらく上野公園を歩いた。寅雄は、西郷隆盛の銅像を見上げて驚くと同時に、「こんな人になりたいな」と思った。

初めて見る東京だった。寅雄は、眼を丸くして、往きちがう人や建物を振りかえる。

伯父野間清治は、団子坂の家が手狭になり、大正十年七月十日に、小石川区音羽町の田舎に移転していた。現在の文京区音羽である。

転居の理由はもうひとつあった。それは母ふゆが坂下町（団子坂）の借家で逝去し、その悲しみを忘れるためでもある。心機一転して事業を成功させることが、亡き母ふゆへの親孝行と決め、当時としては田舎ではあるが、思い切って音羽に土地を買い、家を建てて講談社本社とした。

この頃には少年部も増え、また各種雑誌や出版物も増えてにぎわった。出版業務のほか、大正六年には衛生研究所を設け、薬品、化粧品を研究し、「紅白社」を設立して織物の輸出にまで進出する。

大正八年には出版部を独立させ、さらに当時の出版社としては珍しく広告宣伝部を設置するなどして自社商品を宣伝した。各新聞や街頭広告に、「講談社」の名が目立った。

寅雄が上京したとき、伯父野間清治は、四十四歳の働き盛りだった。音羽に広大な土地を買い、そこに新しく家も建てた。そこが、社屋兼住まいだった。

大正十一年三月は、一人息子の恒が千駄木尋常小学校を卒業したときである。野間清治はすでにこの時、恒の中学校進学を取りやめ、膝下において一流の教師をつけ、情操教育を中心とした英才教育をとり入れることを決めている。

恒は成績優秀だった。千駄木尋常小学校での学業はすべて甲で、手工だけが乙だった。卒業式の時は児童総代として答辞を述べている。両親とも教育者であり、当然ながら中学に進み、高校、大学を出て父親が経営する講談社グループの経営者になるものと周囲からは期待されていた。

ところが、野間清治は世の教育に「智育偏重」の弊害を痛感し、悩んだ。その間、彼は側近や識者に相談したり、教育家に問いかけたりしている。

野間清治の教育方針としては、当時の智育偏重の教育は相容れなかった。

自ら竹刀を執って、剣道による少年教育を行った野間清治

府立五中は現在の小石川高校である。この中学の校長、伊藤長七とは長時間かけて教育論を交わしている。伊藤校長は、智育偏重でも、それ以外に得るものがあるとして、恒の進学を勧めた。だが、中学校長と、元中学校教諭で中学視学、東大書記官、さらに出版社経営というキャリアをもつ野間清治とでは、意見が合わなかった。

ちょうど講談社では、少年教育に取り組んでいた時でもある。「講談社少年部」は、いわば「野間義塾」とでもいうべきものである。中学へ行けない貧しい少年の中にも、頭のいい子がいる、その子らを自分の膝下におき、昼間は少年部で発送業務の仕事をしたり、編集手伝いをしたりして、英才教育をほどこしていった。この中からは、大ジャーナリストになった者が多い。

少年たちは、朝五時四十分に起床し、六時から七時まで掃除。そのあと六時半から八時まで剣道をやる。しかも剣道がやれる者は古参少年の中で都合のつく者に限られた。新人たちは掃除のあと、七時かち八時まで朝学である。そのあと朝食をとり、八時四十分から作業に入った。昼食から一時までは自由時間となり、午後は一時から四時まで作業に入る。

野間清治は、驚いたことに、教育方法で少年部員の数人にも意見を聞いている。その結果が、恒を膝下において、彼がつくったカリキュラムに沿った教育をほどこすことになる。

骨子となったものは、次の三つ。

一、演説教育
二、手紙教育
三、剣道教育

それは、少年教育の夜の「修養会」にも見られた。

修養会は、六時の夕食のあと、七時半から九時半まで二時間行われる。入浴は修養会後であった。

この修養会では、密度の高い教育をほどこしている。実学に近いものである。

たとえば演説、討論、文筆修練、手紙の書き方、習字、珠算、御辞儀の仕方、坐り方、歩き方、取次応待の心得、訪問の仕方から人物批評、偉人物語、美談逸話、詩吟など、各種各様にわたっている。

また、講演者は、大学でないと学べない一流の先生を招いている。

野間清治は『少年倶楽部』の中で、少年の教育についてこう語っている。それは、すなわち野間恒に対する父親の教育観でもあった。

「小学校を出ただけで、必ずしも中等学校に入らなくても、偉くなることはできるものである。偉くなることとの出来る人は、進んで中学校に入っても入らなくても偉くなれるものである。入ると入らなくとでは、さほどの問題ではない。一体偉くなるのに一番必要なものは何であるか。それは学問ではない。才智ではない。その人の品性如何《いかん》である。操行如何である。人物如何である。学問、才智が一番のように考へられたり、持《も》て囃《はや》されたりしたのは世間一般の間違いであった。明治から大正に亙《わた》っての、教育上の非常な誤解であった。（中略）人物の悪い学士よりも、人物の良い小学卒業生の方がどれほど価値があるか分らない。（中略）凡《およ》そ男子は境遇に支配されてはならない。男子は断じて泣いてはならない。着物が汚れたからといって泣き、蟇口《がまぐち》を落としたからと言っては泣く、それは弱虫である。中等学校に行けないからといって、泣いたりこぼしたり、親を怨《うら》んだり境遇を悲しんだりするやうな人は、もうそれだけでも人並以上の人間になる資格はないのである。況《いわ》んや偉人たるに於てをやだ（後略）」

恒は、結局中学に行かせてもらえず、こうした父親のもとで少年教育を受けた。なかでも、演説教育と剣道教育は、野間清治みずからの立ち合いであった。

恒は十四歳で、早くも処女演説草稿をまとめ、大正十一年五月七日、小学校の同窓会で発表している。

この演説草稿の中で明らかにされているように、恒は中学進学をやめ、旅に出て見聞を広めた。三浦海岸に行って海を眺めたり、富士山を見て、「一つぶの砂からなっている――富士の如き事業が出来うるとかたく信じてうたがわないのであります（略）」という心境を語っている。

雑誌『少年倶楽部』そのものが、すなわち「野間恒」であった。

寅雄、五歳で竹刀を握る

「文武両道」――これは野間清治の教育の根底をなすものである。

野間清治も子供の頃から剣道を覚えた。本格的に打ち込んだのは、前橋の師範学校の四年間である。その後は途中で休み、さらに東大の書記官になってから、学生相手に稽古した。その時、アキレス腱を切り、それ以後剣道を中断している。

しかし、わが子恒には、七歳の時から剣道に打ちこませている。やがて恒が本格的に、自分の意志で打ち込みはじめるのは、大正十二年二月、十五歳のときであった。

野間恒の名著『剣道読本』によると、「大正十二年（十五歳）有信館に入門、中山博道先生の指導を受ける。大正十四年（十七歳）四月、増田真助先生を招聘《しょうへい》し、修行につとむ。同十月、野間道場竣工、爾来《じらい》、同道場において自ら修行すると同時に後進の指導をなす」とある。

七歳の時、団子坂の庭で父野間清治に教わったのが剣道の始まりである。それまで、竹刀もにぎったことがなかった。野間家と剣道は深い関係があるのに、七歳になるまで恒が教わらなかった理由は、社業に忙しく、子供に剣道を教える余裕がなかったからである。

なぜ清治は恒に七歳から竹刀を持たせ、さらに十五歳の時から本格的に稽古させるようになったか。それを知るための論文に「武道の徳」を語ったものがある。その中で野間清治は、「剣を執《と》って敵に敗けるのは、我、敵に敗けるに非《あら》ずして、『我、我に敗ける』のである。（中略）剣道の教は、剣道のみに止《とど》まらず、万法一法、実は世上百般の教に通じている。只理のみによっての教ではなく、理と業とを合した教である。深遠なる理論と血の滲《にじ》む体験とにより『あっ、誠に然り、あっ誠に比の如くあらねばならぬ』というところを悟得せしめる教である。（中略）道場内には哲学がある。倫理がある、宗教がある、見方によっては政治の変化の態も、経済の運用の妙も、ある道がここにあることに気がつく（後略）」

野間清治にとり、剣道は生命の重要な構成要素であった、と『野間清治』の著者中村孝也は次のように述べている。

「――野間清治も剣道の術を学ぶと共に、より多く剣道の有する意義を体得し、進んで之を事業に運用したのである。彼の事業の成功は、剣道より得たものが少くない。恒君の剣道も極めて気品の高いものであった。畢竟《ひっきょう》野間家の武道は人間を作ることを眼目とし、道場を修養場とし、修養のために剣道を修めたのであり、それが野間道場であった」

音羽に移ってからの野間清治は、アキレス腱をかばいながら、音羽の高台の芝生の庭で、少年部員たちや恒に剣道を教えている。大正十二年、野間恒が十五歳になった頃には、中山博道が師範をしている有信館に入門させた。

恒はあまり丈夫なほうではなかった。十八歳の頃、父親に出した手紙の中には、胃薬を飲んだから安心して欲しい旨を書いている。また、十五歳頃は気が弱く、中山博道の眼には「稽古をすると怖がっていたようすさえ窺えた」とある。

二十八歳の頃、胃の病いにあった野間恒が書きまとめた『剣道読本』の序文で、中山博道は恒との出会いを書いているが、その中に恒の近況が窺える。

「恒君が始めて私の道場へ稽古に見えたのは、十四、五歳くらいのころであったろうか。私の見たところでは、どうも臆病で、稽古もあまり好きというほうではなかった。私どもと稽古をするのを恐がっているようなふりさえ窺われて、あれだけの大人物になろうなどとは、当時夢にも思わなかった。それが二年と経たぬうちに、しきりに剣の話を聞きたがるようになり、いろいろ研究的な態度が目につくようになってきたので、私は『これはおもしろいお子さんだ、将来見込みがある』と心中ひそかに望みを嘱していた（中略）」

有信館は、原園光憲著『野間道場物語』によると、当初は水道橋近く、講道館のはす向かいの小路を入ったところにあったが、大正十年頃は本郷真砂《まさご》町にあり、講談社が団子坂にあった頃は歩いて行った。

少年部社員として入社した十七歳の笛木悌治が講談社内の十五坪の板敷の仕事場で、返品された雑誌を片づけ、裸電球を高く上げて野間清治に剣道を教わったのは、団子坂にいた頃である。その後、笛木は有信館に通うようになる。

恒がこの有信館に通うのは、笛木のあとである。ここには、師範の増田真助がいた。のちに増田は、講談社に迎えられ、野間道場の剣道師範となる人物である。

音羽に移った八月、野間清治は剣道教師として中山博道の門下生で、当時三段だった安部義一を招き、少年部員たちに剣道の基本を習わせた。さらに十三年には和佐田徹三を、十四年には、昭和十五年の天覧試合指定選士の部で優勝する増田真助を師範兼社員に迎える。

少年部員の稽古は、近くの大塚警察署の道場を借りていた。大正十四年に野間道場が完成してからは、道場での稽古となった。

この大塚警察署道場時代、近くの少年たちも一緒に剣道を教わった。指導者は、高野佐三郎の弟子で、東京高等師範学校を卒業したばかりの安部義一である。

この道場に、浦田正夫も通って安部義一に剣道を習った。浦田は巣鴨中学から東京美術学校に入り、昭和五十二年度芸術院賞を受賞し、のちに日展理事となる。年は恒の一つ下で、寅雄とは四つ上になる。浦田は大正十二年、この大塚警察署の道場で、初めて野間恒、野間寅雄を見て、一緒に剣道を学んだ。

浦田は「森寅雄さんと野間道場の思い出」の中でこう記している。

「私が森寅雄さんと初めて接したのは大正十二年、野間家が現在の大塚警察署道場を借りて野間恒、寅雄両氏の剣道指導を始められた時で、附近の子供たちの参加がゆるされ、私（巣鴨中一年生）と弟勝、伊藤馨（二人とも小学五年生）らが共に初めて剣道の基本を教えられたのである（中略）。一年以上も道具も着けず切返しばかりを毎日指導された。寅雄さんは小学校三年生であったから、身体は勿論一番小さかった。しかし弟達と同じように柔らかな素直さ一ぱいで非常に科学的な安部先生の指導を毎日楽しく続けた事をおぼえている」

原園光憲著『野間道場物語』の中で、恒と寅雄の少年時代の剣道着姿の写真があるが、これは同じ日に撮ったもので、ちょうど大正十二年頃、野間家の自宅で撮ったものと見られる。二人とも丸坊主で、小柄な寅雄は剣先を畳に着け、竹刀を右手で持っている。

しかし、年齢的に見ると、寅雄は五歳の頃から竹刀をにぎらされていた。また彼は巣鴨学園時代の友人である利岡和人には、

「二歳の時から乳母に背負われ、道場をのぞき、背中で竹刀の音をききながら育てられてきた。五歳の頃には竹刀を持たされ、剣道をポツポツ始めた」

とうちあけている。

剣道開始は、七歳で始めた従兄の恒よりも早かった。しかし、持田盛二は子供の頃の寅雄について、「寅雄さんは剣道の稽古が嫌いだった」と、増田真助らとの座談会で語っている。

剣道嫌いな寅雄

ここでは、森寅雄は最少年だった。

大正十二年九月一日。この日、東京は大地震に見舞われる。

恒が剣道を始めて約半年後のことである。講談社社長の野間清治は『少年倶楽部』『現代』『婦人倶楽部』について、大正十二年一月には雑誌『少女倶楽部』を創刊している。だが関東大震災直後、交通は遮断され、動きがとれず、各雑誌とも一ヵ月間休刊した。全社員は雑誌づくりよりも食糧の確保に、走り回っている。

桐生のヤスから米や味噌・醤油などが届けられるのは震災直後だった。二日かかって馬車と車で音羽町の兄清治の所へ届けられた。清治はこの時の食糧援助で、会社員を路頭に迷わせずにすんだ。彼は、雑誌発刊をやむなく中断し、急遽写真集『大正大震災大火災』を刊行した。この単行本は、未曽有のベストセラーとなった。

剣道は、その年の暮れ頃からふたたび復活した。

寅雄は小さくて、いつもハンディキャップがあり、稽古嫌いだった。しかし、剣道嫌いな寅雄を惹きつけたものがある。それは安部義一の合理的な教授法だった。

安部は、基本に厳しかった。一年間みっちりと切り返しのみやる。これに音を上げる者もいた。しかし、結果的には、強い剣道を育てた。

安部の合理的な教授法のひとつに、竹刀の長さがある。彼は、一人一人の子供たちの身体に合わせて使わせている。具体的には、柄の長さを、その人の右手首から右肘までの長さにした。また、道場を目一杯使って、ソシアルダンスを取り入れた。これは足腰の動きと、腰を水平に動かすことを体得させるためであった。

もうひとつは、稽古のあと子供たちを二組に分けて、馬跳び遊びを取り入れ、楽しませたことである。これは単に体力をつくるためだけではなかった。跳ぶことで脚力がつく。と同時に、相手の懐《ふところ》に跳び込むことになじませる意味もある。

恒も寅雄も、稽古のあとのこうしたゲームを楽しみにした。楽しみをあとに残し、厳しく稽古に打ち込むというアメとムチの使い分けを安部は心得ていた。年少の寅雄が剣道をつづける気持ちになったのは、こうした安部の指導法に乗せられたようなものだった。おそらく、大塚警察署道場で安部と出会っていなかったら、寅雄は剣道の稽古を嫌がって桐生の実家に戻っていたかも知れない。

もともと寅雄は独りっ子の恒の話相手としてもらわれた身である。恒が中学に入っていたら、恒は多くの友達を持ち、寅雄を呼び寄せる必要もなかった。剣道に対する野間清治の考え方も、文武のうち文の方は八割方力を注ぎ、武は二割程度にとどめていたかも知れなかった。

最初は「野間道場」の構想もなかったろうと思われる。稽古は大塚警察署の道場でこと足りていた。だが、野間清治は、道場主になることを夢に見た。

その動機のひとつは、彼自身が体力と精神力の鍛練を必要としたことである。すでにこの年、清治は四十六歳だった。しかも、大正九年の暮れ頃から、仕事に忙殺されて、病気がちだった。からだは運動不足から肥満気味になり、とくに心臓に異常が見られた。彼は、時どき温泉に出かけて休養している。大正十年の正月から三月までは、赤羽の別邸で静養していた。休むことを知らない清治が、三ヵ月間も現場から離れたのは、もちろん母ふゆの病気のこともあるが、体調に異常をきたしたこともあったためだった。

野間道場五訓

野間道場は、いわば教育者・野間清治の教育塾でもあった。大正十四年の春に着工し、その年の十月に完成した。場所は、文京区音羽の講談社裏の高台である。

野間道場は昭和五年と八年に増築されたが、大正十四年の道場は、神田明神にあった道場を買い取り、移築したものである。稽古場は、幅五間、奥行六間、木造瓦葺きの道場だった。稽古場のほか男女別の浴場がある。さらに二階には修行者用の三畳の宿泊部屋もある本格的な道場だった。原園光憲著『野間道場物語』の中に出てくる見取図を見ると、間口二間ほどの玄関を入ると右側が内玄関、左側が管理人室である。

道場の正面に上段之間がある。

向かって左側に野間清治・恒親子の写真、右側に持田盛二と増田真助の写真がある。上段之間に向かって右側に十二畳の板の間が五つあり、左うしろには太鼓がある。

防具置場は玄関を入って右側に、竹刀置場は稽古場に入ったすぐ右手の壁にある。

野間清治が道場の建設地を決めるのは、有信館の指導者で中山博道の弟子であった増田真助と、音羽の高台にのぼってからである、

増田の講談社入社は、大正十四年四月。すでに野間清治は道場開きの構想を中山博道に相談していた。清治に増田を紹介したのは師匠の中山博道で、大正十四年四月、増田は中山に連れられて、講談社に出向き、野間夫婦と面会した。

増田は、幼少の頃父親を亡くしており、母親の手ひとつで育てられた。虚弱な体質だった。増田の実兄の知人に剣道家がおり、その仲介で増田は、体を鍛えるため、明治四十四年、十一歳の時に真砂町の有信館に入門している。

有信館は、長岡藩の剣道隊長として従軍し神道無念流六代目となる根岸信五郎が、明治十三

年、神田小川町に創立したものである。門人に、中山博道、今泉来蔵、吉浦宴正らがいた。

　中山は、明治六年二月、金沢市で生まれた。幼少の頃は中山音吉で、のちに根岸資信と称し、斎藤理則に山口一刀流を学び、明治二十三年に免許をもらう。根岸信五郎の門下生となって神道無念流を修め、三年後に目録、明治三十五年には免許皆伝となる。

　本郷真砂町に有信館を創立するのは三十八年で、増田真助が入門した四十四年には、すでに剣道教士だった。昭和三十三年十二月十四に死去するまで、警視庁、宮内省、東京帝大、海軍兵学校、三菱、明治大学、中央大学など三十ヵ所で剣道を指導した。

　その中山が、増田を連れて野間清治に会った時、野間はひと眼見ただけで、

「明日からお願いします」と頭を下げている。

まだ「野天道場」だった。野間清治も白い袴に稽古着をつけ、みずから稽古している。

ある日、野間清治は増田と一緒に高台の野天道場に立ち、神田明神の道場を買って移築する構想をうちあけ、建設の相談をした。車の出入り、増築するさいの設計図など、将来の道場づくりも描く。

　大正十四年十月、道場が完成した。増田真助を師範に迎えた野間清治は、五項目の道場訓をかかげる。

　　一、正心。
　凡《およ》そ剣道に志す者はその心を正しくし、苟《いやしく》も技巧に慢心し、私心を挟みて、浮華軽佻に流るるが如きことあるべからず。

二、信義礼譲。
惟《おも》うに札の大体は人を敬するに存す。然れば各自敬虔の心を以て師長を敬するは固《もと》より、相互に礼儀を重じ、敬してはなれず、親しみて狎《な》れざるは士の道なり。
三、心身一致。
剣道は決して技芸技巧を目的とするにあらざれば、苟《いやしく》も一時の勝負に快を貪《むさぼ》り技巧に拘泥して武芸の末葉に走る如きことあるべからず。
四、平素の心。
凡そ剣道に志す者は、道場にあると否とを問わず、平素油断なく精神の錬磨修養を計り、その目的を貫徹せんことを期すべし。
五、真剣の心。
近来剣道を学ぶ者の中、動《やや》もすれば戯れてこれに従ひ、技巧の末にのみ拘泥して軽佻浮薄に傾くものなきにあらず。（略）

この「野間道場」での稽古は朝夕の二回である。主として、六十四名の少年部員を対象にした剣道教育だった。

少年部員の第一号は、大正二年の高橋宏である。大正五年には茂木茂ら五名、大正六年には二名が入社している。八年になると、さらに五、六名が入った。『私の見た野間清治』の著者笛木悌治や小池金作ら二名も入社する。

笛木は新潟の山奥で生まれ、苦学しようとして野間清治を訪ね、「学問とは何か」を説かれ

野間清治の少年教育、社員教育の理想を貫くために建てられた野間道場

少年部社員を前に野間清治は毎日熱弁をふるった。少年部社員は多いときで150名もいた

野間道場では毎日の朝夕,激しい稽古がつづけられた

て野間清治の下で教育を受けた。野間清治に剣道を教わったのは本郷時代で、編集部の机や荷物、返品雑誌を片づけて稽古場をつくり、そこで素振りを行った。彼らが、いわば野間清治門下の一期生だった。大正十四年には合計六十四名の少年部員がおり、笛木はその中でリーダー格だった。彼は昭和元年に『幼年倶楽部』編集主任となる。

少年部員の評判は日本中に知れ渡り、応募者が殺到した。多いときでは、五、六十名の採用に対して千名近い応募があった。選考もむずかしくなり、そのうち、小学校の成績が一番から九番までで、身体壮健な子供にしぼられる。家が貧しいために中学に行けない優秀な少年たちが入社し、やがて彼らは講談社の名編集者となって、数々のベストセラーをつくっていった。

横井小楠の影響が大きかった野間清治は、「実学」を強調している。その一部を引用するとこうである。

「学校で学ぶような所謂《いわゆる》学問とは真の学問とは大分距離がある。食物でいえば缶詰のようなものと思います。真の学問とは新鮮な野菜や肉を直ちに料理して食べるようなものであります。真の学問は講義にあるに非ず、書物にあるに非ず、あってもその分量は甚《はなは》だ少ない。むしろ仕事そのものの中にあると信ずるのであります。仕事そのものの中に、考察し、工夫し、腐心すれば、そこに生きた学問が出来てきます。（中略）即ち一つの事に本当に魂を打ち込んで修養すれば、必ずある程度の道を発見することができます」

横井小楠の「学問とは、わが心の修業である」「忍苦の修行によって心神を霊活ならしめることが真の学問である」といった説が聞こえてくる。

笛木は、『私の見た野間清治』の中で、野間道場での稽古の模様をこう書いている。

「――稽古時間も朝の七時からと午後の四時の一日二回となり、熱心に励む者はグングン上達していった。社長も時折り道場に姿を見せ、熱心に指導に当たった。ある時、恒さんに対して五人の者と三本勝負の組み合わせがあり、その試合が終わると社長が『恒、今の試合振りは何です。さっぱり気合が入っていないではないか。もう一度やり直しなさい』と厳しく言われた。時恰《あたか》も三伏酷暑の候で、座っているだけで汗が流れる暑さ、その時の恒さんはまだ三段ぐらい。五人の者も初段、二段、というところで、なかなか恒さんもそう簡単には勝てない相手ばかり。言われた恒さんは『はい』と答えて、面も脱がずに再び五人を相手に三本勝負をやった。今度は大変気合いも入っていて、立派な試合振りであったので、終わると社長は満足そうに『今度は大分よかった。いつもその気分でやりなさい』と言われた。（中略）恒さんは初めから強かったわけではない。まだ、二、三段の頃は少年たちとそれほど差はなかったので、稽古で相当疲れた後の五人勝負をやり、ほっとしたところへ社長から厳しく言われ、改めて五人を相手にしたのだが、これを見た時私は、社長の気持ちが分らないでもないが、あまりにも残酷なやり方ではないかとさえ思ったのであった。普通の青年なら、たとえ親の言うことでも、多少は不満の色を現わすのが当たり前だが、恒さんは素直にこれを受けて、言われるままに次の試合をやった」

第3章　剣師、持田盛二

文章が人格なら、剣道もまた人格

野間道場が開場したのは大正十四年十月であるが、その翌年の五月には、開場を記念した剣道大会が開催された。

この時、野間恒と森寅雄の二人が、杖道の形稽古をしている写真が残っている。恒は十八歳、寅雄十三歳の頃である。恒はすでに五尺三寸近いが、寅雄はまだ五尺に満たない。立っている姿からすると、寅雄は恒の肩にもとどかないほど小さい。

道場が開場した翌年の七月から八月、野間道場は非常ににぎわった。野間清治は体調を悪くしていたが、この夏には、講師を招いて夏期講習会を開催している。毎日午前九時から午後三時までの間に講演と稽古、そして試合が行われた。

この夏期講習会の講師には、中山博道、斎村五郎、大島治喜太、堀田捨次郎、橋本統陽など当代一流の剣士たちが招かれた。野間清治夫妻は、朝から玄関に座して講師たちを迎え、講習会が終わると、丁重に玄関先で見送った。

講師として招かれた一人、三本松喜見代（故人・範士八段）の談話では、「野間夫妻はきちんと正座して迎え、終わると、さっと玄関の方へ急ぎ、そこで履物をそろえ、正座して見送った」とある。

この講習会の初日、野間清治は少年たちに次のような修養訓を述べている。この中には、恒、寅雄、のちに昭和十五年の紀元二千六百年奉祝天覧武道大会・剣道の部で府県代表に選ばれ、優勝する望月正房少年もいた。

杖道の形稽古をする野間恒（右）と森寅雄（9歳）

「いよいよ今日から向こう一ヵ月間、天下知名の大先生にお出でを願って、この講習会を開くことになったのであるから、皆もこれを機会として熱心な修業をやって、十分偉くなって貰いたい。そして単に道場内に於いて工夫するばかりでなく、平生においてもこれが工夫研究をやって貰いたい。例えばハタキをかけるにも、雑巾をかけるにも、お辞儀をするにも、十分精神をこめて真剣味をもってこれをやり、廊下を歩くにも、仕事をするにも、浮調子でなく、いつも緊張して剣道をやる時の気分でこれをやる。かように心掛けている者は、自分の仕事の能率を増進するばかりでなく、側で見ていても気持がよい。殊にかうした心根は剣道の業にはすぐそのままに現われるものである。（中略）文章が人格なら、剣道もまた人格である。故に剣道上達すれば平生がよくなり、平生がよくなれば剣道も亦上達するのである」

野間道場は、恒を中心に少年部員を教育する塾であった。夏期講習に招かれた講師は、野間清治の手前もあり、とくに恒への指導には熱が入っている。たとえば、斎村五郎や、中山博道らの講演の中に、その点が窺える。ここでは寅雄は、傍観者の一人にすぎない。

斎村五郎は野間恒の稽古を見て、次のようにアドバイスした。

「相手に乗る気でやるように。攻め込まれてそのときに待つ気がありますから、そこを打たれる。気分が止まっているのである。突など、特にこの場合よく入れられるのです。そのときは捨て身になって反対にこちらから攻め込んで撃つように気分で気分を抑えるように、腕力で間合など取ろうとせずに、向こうに間合をとられぬように、こちらの間合をつくることです（中略）。

待つ刀であり、視《み》る刀であり、うかがう刀であるから死太刀である。あなたぐらいの体格があり業《わざ》がありますなら、どこまでも攻撃的に出て相手の先を打つようにしたらいっそう結構と思います」

中山博道も、野間恒の剣道をこう評価している。

「非常によくなりました。しかし剣先が浮くことがある。それから間合に入られたら接続の業を出すこと。右足が内に入るようになってきた。左の手が下がっているから打ったとき二段になる。打ったときはいつも右手を絞るように心掛けること」

　中山博道の、野間恒に賭ける期待は大きいものがあった。昭和九年の皇太子殿下御誕生奉祝天覧武道大会では、府県選士の部・決勝の野間恒と藤本薫との微妙な一戦で彼が審判をつとめ、恒の切り返し胴の上段からの面打ちに右手を上げている。そして、髭を、さっとなでた、という話もある。

　また、大正十五年には、中山博道が広島の江田島にある海軍兵学校に安部義一とともに剣道指導に行くさい、当時十八歳だった野間恒と、恒の剣友の竹村元道を連れて行った。稽古は一週間であったが、猛烈な試合稽古がつづいた。兵学校の生徒には表向きは長身で坊ちゃん育ちとおもわれた恒が、この時、猛烈と他流試合を演じている。

　広島に行く車中で、博道は昔の武者修行の話をしている。また、車窓から見える沿道の家屋の構造が県によって違うことを引用し、

「人の気持も一人一人違う、それをよく極めなければ剣道をやっても、本当にいい所へ行くという訳にはゆかない」と教授する。恒の方も研究熱心で分からないところはなんでも質問した。

　この広島への旅の頃から、中山博道は『この人は将来必ず偉くなる人だ、と心底から感服した」と述べている。

寅雄、初めての家出

一方、寅雄は、恒とは別の生き方をしたいと考えていた。親元を早く離れた寅雄は、いつも

伯父夫婦や恒に気がねして暮らしてきたからである。物心ついた頃には、自分の行く道を漠然とながら決めている。それは、アメリカに行きたい、ということだった。しかしそれがすぐに叶うわけではない。

何よりもその頃の寅雄は、勉強したかった。大学にも行き、同時に剣道もやりたかった。いつも、伯父夫婦と従兄の恒には、遠慮しながら生きてきた。あくまでも恒の話し相手にすぎない。桐生から東京に出てきた頃は、話し相手で済んだが、小学校の五、六年になり、物心がつくと、僻《ひが》みっぽくもなった。伯父夫婦に対して不満があったわけではない。恒と同等に扱ってもらえない、という愛情に飢えていたのである。両親にも伯父夫婦にも甘えることができずに育った寅雄は、そうした乾いた気持を剣道で埋めていた。

野間清治は静養のため、千葉県勝浦の三門に別荘を買って道場を建てた。寅雄が小学校五年の頃である。ちょうどその時、桐生から両親がきていて、六人でその別荘を見に行く日に、寅雄は初めて悔しい思いをしている。両家の親子六人で千葉に行けると思い込んでいた寅雄だったが、学校があるという理由で彼だけが置いてきぼりとなったのである。寅雄は初めて腹をたてた。

その夜は雨が降った。

すっかりひがんでしまった寅雄は何も言わず、初めて家出した。その日は音羽の家にも帰らず、泣きながらひと晩中、雨の中を歩いている。

音羽の家に帰りたくない寅雄は、自分の気持をくんでくれる者は誰もいないと嘆いた。歩き疲れた寅雄は、ふと雨宿りしている時に、増田真助のことを思い出した。彼に剣道の手ほどきをしてくれたのは安部義一と増田真助だった。

増田は子供の頃に父親をなくし、母親の手ひとつで育った。子供の頃から苦労していて、剣を通して人格者になった。それだけに寅雄の立場をよく理解していた。二人はよく柔道もやっている。この頃、寅雄はむしろ柔道が好きで、将来は柔道家になろうと考えたこともある。しかし増田としては困る。

寅雄が「剣道嫌い」といって稽古をしたがらない時は、

「いやなら、やらなくてもいいから、見ているだけでも見ていなさい」

といって、無理に勧めはしなかった。また、めそめそすると、寅雄を引きたてて打ち込ませたりしている。

寅雄が雨の中を歩いて増田の家を訪ねたのは、すでに夜中だった。増田は何ごとかと驚き、玄関のガラス戸を開けた。外には、雨でぐっしょり濡れた寅雄が立っている。増田は慌てて中に入れた。そして自分の物を着せて体を温めてやる。

「どうしたんだね、寅雄さん」

お茶を出しながら訊ねると、噛《か》みしめていた寅雄の唇が横にゆがんだ。それから堰《せき》を切ったように、声を出して一気に泣き出した。

しばらくしてから寅雄が言った。

「ぼくだけ除けものにしたから、出てきました」

増田は、寅雄の立場を理解していたが、

「そんなことしてはいけないよ、心配しているぞ」

となだめた。

「――」

寅雄は、頷《うなず》いた。

それからどれほどたってからだったか、増田にははっきりした記憶はない。彼は寅雄を説得すると、その夜、音羽の野間清治の家へ連れて行った。

このことがあってから、寅雄はさらに増田になつき、人一倍稽古するようになる。野間道場が開場してからは、上段之間の右側にある鏡の前に長いこと立って、自分の構えをじっと見つめる日が多くなった。

この頃、野間家には桐生の恩人田口広吉の娘二人が同居した。姉は野間家から津田塾へ、妹は女学校へ、伯父の車で通学している。女中も六人いて、野間家は賑やかだった。

昭和二年四月、野間（森）寅雄は旧府立第四中学（現都立戸山高）に入学した。彼は成績優秀で、四中には六番で入学した。

四中は、一中と並んで試験がむずかしかった。

寅雄は恒と違って、桐生の両親の勧めもあり中学に行く。これには、野間清治夫婦への気がねもあり、恒とは別の生き方をしたい、という寅雄の意志もあった。

その寅雄が、突然、巣鴨中に転校したい、と伯父の野間清治に持ちかけるのは、四中に入学して二ヵ月後である。ひよわな坊ちゃん揃いの四中は、寅雄にはなんとも肌に合わなかった。だいいち、剣道をやる仲間がいないのである。

通学は音羽の野間邸から歩いて江戸川橋に出、市電に乗れば二、三十分で牛込北町に到着できる。自転車ならば二十分もかからない。しかし、名門四中に入ったものの、一緒に通学する剣道仲間がいない。しだいに寅雄は淋しくなった。

野間道場には大塚警察署道場時代から一緒に稽古した近所の少年たちが通っていたが、その多くは巣鴨学園に入っている。また大正十二年、浦田正夫（のち日展理事）は巣鴨中の一年だったが、その弟で小学校五年生の浦田勝、伊藤らも、文武両道の教育をするのちに巣鴨中に入った。寅雄は野間道場で巣鴨中の剣道や他校との他流試合の話を聞くたびに、巣鴨中転校に傾いていく。

寅雄は当時、私立の巣鴨学園への転校を遠藤隆吉校長に持ちかける。しかし、変わり者の遠藤は、「税金で建てられた府立等にいた者は、自分の学校には入れぬ」と、渋った。

しかし伯父である野間清治からの相談もあり、結局遠藤は第二学期からの転入を認めた。この時から寅雄は、巣鴨中と野間道場の二ヵ所で剣道に打ち込むことになる。

中学三年になった頃には、ちびの寅雄の背が急に伸びはじめた。骨が太く、とくに足がひと一倍大きくなった。大地を踏みしめた寅雄の体は、少々体当りされても動かなかった。足搦《から》みをかけられても倒れたことはない。

寅雄、巣鴨中に転校、剣道全国大会初優勝に導く

中学時代から寅雄をよく観察している浦田正夫は寅雄より四つ上で、寅雄が入学してきたときは五年生である。のちに浦田は東京美術学校に進み、日本画家となるが、絵描きの眼から見た寅雄は、どう映ったのか。巣鴨学園剣友会の会報誌『巣鴨剣友』の中で、浦田は次のように書いている。

「寅雄さんは巣鴨中学時代多くの試合体験を重ねたが、温顔の中にも虎のようなすんだ眼光を持っていた。そして素直な謙虚さや、鋭い観察力に依って多くの指導者や先輩の美点を貪欲な迄に自分のものとしていた。だから寅雄さんの剣は殺戮とか斬撃と云う型のものではなく、むしろ（裂帛の気合の内に）相手を愛撫する趣きがあった。単純化された動きの美しさは一つの芸術品を思わせ、心のゆとりから来る大きな風格が此頃すでに出来ていたと思う」

転入してきた寅雄に剣道を教えていたのは、高野慶寿と荒木敬二である。荒木は、野間道場にも出かけるなどして、そのつど少年時代の野間寅雄の剣道を見ている。

「彼は美少年でね。人間もおとなしいし、驕《おご》らず、たかぶらず。そして講談社にあれだけ多数の人が居る中に、いつも注目の的になっていたんだな。伯父さんの清治さんの、躾が余程良かったんだね、巣鴨にきても、殆ど無駄口などきかなかった。人間が実直で、おとなしくって、本当にいい生徒だと思うね。伊香保道場には、私もしょっちゅう行っていたから、寅雄の試合のやり口、稽古のしかた等は記憶に残っているね。全く立派な態度だった。筋がいいし、基本でも、切り返しなども一点も云うことがなかった」

範士七段の佐々木二郎は、寅雄とは入れ違いの先輩になる。佐々木は巣鴨中から明大に入り、剣道で活躍していた。あるとき彼が母校の巣鴨中に行くと、高野慶寿が言った。

「大変な剣士が入ってきたぞ。まだ中学一年生で、今基本をやっているが、この基本だって立派な基本だ。こんな基本は専門家でも滅多に見ることができないような子だぞ」

そして高野は、「将来、名剣士になるぞ」といって眼を細めた、佐々木は、この日初めて寅雄の基本稽古を見た。それ以来気になって、母校にしばしば顔を出すことになる。

高野慶寿は、大正十四年の四月に巣鴨学園に赴任してきた。父親は高野佐三郎の養子にあたる高野茂義である。当時、茂義は南満州鉄道剣道部師範、佐三郎は東京高等師範学校教授である。巣鴨学園の遠藤隆吉校長は東京高師で講師もつとめており、遠藤の懇請に応えて高野佐三郎の秘蔵っ子の一人だった慶寿を巣鴨に差し向けた、といわれている。慶寿は温厚で円満な性格だった。

ちなみに高野佐三郎の二男・弘正（故人・範士八段）は、森寅雄と並び称される天才剣士であり、高野慶寿とは兄弟同様に稽古や生活をともにし、互いに切磋琢磨したという。

高野弘正が新国劇に関わり、『大菩薩峠』で有名な〝音無しの構え〟などを指導した話は高段者の間でよく知られるところだが、慶寿も座長の沢田正二郎に乞われて帝国劇場に赴き、沢田はじめ一門の俳優に剣道の精神と実技を指南した、という話が残っている。

「これまでの見るための剣劇にはうそがあり、これを脱却して演劇に於ける剣のリアリズムを」というのが沢田正二郎の提唱であった。

高野慶寿はのち昭和四年、巣鴨学園を辞め、大連の学校に招かれて赴任する。高野の代りに招かれたのは、東京高等師範学校卒の大野操一郎（故人・範士九段）である。三年後、大野も召集されて大陸に渡る。その後に巣鴨学園に招かれたのが朝鮮総督府警務局の小島主（故人・範士九段）である。

小島主は、昭和九年の展覧試合に、森寅雄が府県代表で出場できると百パーセント信じていた一人である。また、寅雄が日本を捨ててアメリカに渡る腹を決める直前、相談に行って教えを受けた恩人である。

寅雄が転校した当時、巣鴨学園の施設は貧弱なものだった。校庭は好天がつづくとすぐに土ぼこりがたって教室に吹き込んできた。雨になると、こんどは田んぼのようにぬかるみになる。この巣鴨学園中学の同期で、ともに剣道をつづけた者に、利岡和人、松岡良夫、岩本忠がいる。利岡和人の父中和は土佐出身で、陸軍経理少尉をつとめたのち三菱に入社し、しるこ屋を開いたり歌人となったりして、最終的にはキリスト教の伝道師となる人物である。息子の和人にも義侠心に厚い血が流れている。その利岡に剣道を教えたのが、隣の席にいた寅雄だった。

利岡はもともと陸上選手だった。しかし剣道もまんざら嫌いではない。やりたいと言うと、寅雄は利岡を剣道場へ連れて行き、高野慶寿や先輩たちに紹介した。そして利岡を引っ張り出し、ほとんど専属のようにして、利岡に竹刀の持ち方から足の送り方などを基本から教えたのである。松岡良夫の場合も同じである。

また、一年後輩でのちに一高から東京帝大、内務省に入省し、昭和四十年に警察庁長官になる新井裕も、巣鴨中で寅雄に剣道を習っている。寅雄は引きたてるのが上手だった。

寅雄は、登校前に野間道場で、授業のあとは学校の剣道場で稽古し、夏休みや日曜日は、野間道場で師範たちに向かって、打ち込んでいる。したがって、筋のいい剣道を、人の二倍も三倍も吸収していた。

野間道場は、一月一日が稽古初めで十二月三十一日が稽古納めである。つまり、一年中休みがなかった。師範たちも、道場係が出欠をとり、それを野間清治に報告しているので休めなかった。

寅雄が巣鴨中で選手として出されるのは寅雄が三年生になってからである。昭和四年四月四日に旧制水戸高校主催で行われた第八回近県中等学校剣道大会である。大将は同じ野間道場の仲間で、一つ先輩の伊藤馨。副将は、やはり同じ野間道場仲間で浦田兄弟の弟、勝である。児島徳郎、武田耕一、そして三年になって間もない野間寅雄とつづく。

この大会で、名もない巣鴨中が初優勝した。寅雄の活躍が大きく貢献し、創部以来、初めての対外戦優勝となった。この時期、各大学主催の全国大会もさかんに行われ、近県大会の勢いで、同年九月二十四日、明治大学主催の第四回全国中等剣道優勝大会でも、巣鴨中は初優勝を飾った。

都内の一私立中学にすぎなかった巣鴨中が全国にその名を知らしめることになるのは、昭和五年十二月二十七日と二十八日の両日にわたり行われた、第一回全日本中等学校剣道大会における優勝である。

これは、組織されたばかりの全日本学生連盟主催による最大規模の全国大会だった。

十一月十六日に陸軍戸山学校で南関東予選を制した巣鴨中は、明治神宮外苑の日本青年館で行われた十二月の本戦を勝ち抜いたのである。この時も、寅雄は大功労者だった。

生涯の師となる持田盛二が野間道場師範に

昭和の剣聖とうたわれた持田盛二が野間道場に迎えられるのは、昭和五年七月、四年の天覧試合に優勝した翌年である。そのことが、寅雄にもう一つの転機をもたらした。持田を生涯の師と仰ぐほどの関係にまで深まることになる。ともに、群馬県の生まれであった。

持田盛二は、明治十八年一月二十六日、群馬県勢多郡下川淵村字鶴光路で生まれた。父親、善作は農業を営んでいたが、かたわら家の庭先に道場を建て、近在の若者に法神流の撃剣を指南していた。盛二は六歳の頃から父親に剣を学んだ。が、それよりも馬が好きで、近くの利根川べりを馬で駆けてよく遊んだ。盛二が剣道に目覚めるのは十五歳頃からで、その頃は父善作や兄の愛伴を驚かすほどの腕前であった。

父親は、父や兄と違った剣道を学ばせるため、明治三十五年、前橋にできた武徳殿に盛二を通わせる。持田盛二、十七歳の時である。

四十年三月には、京都にできた大日本武徳会武術教員養成所へ入所し、翌年、卒業。同時に大日本武徳会本部剣道科助手、京都府警察剣道師範となる。翌四十四年、盛二は二十六歳で精錬証を授与され、二十九歳で教士の称号を受けた。

その後、大正十二年には二年間、東京高等師範学校の講師として招かれ、十四年七月には朝鮮総督府警察局師範として朝鮮に渡った。十五年には京城帝国大の剣道講師となり、昭和二年五月には、範士の称号を受けている。持田盛二は、まだ四十二歳だった。

それから二ヵ月後の昭和二年夏、持田盛二は講談社の講師として招かれた。これがきっかけで、森寅雄はこの傑物の存在を知ることになる。

この後、昭和四年五月、持田は御大礼記念天覧武道大会に、指定選士として出場した。このことが、持田を中央に引き出す機縁となった。

御大礼記念天覧武道大会は、五月四日と五日の両日にわたり、皇居内旧三の丸の覆馬場《おおいの》で開催された。大会は各府県予選から選抜された非専門家の府県選士の部と、宮内庁が専門家のなかから選定した指定選士の部に分けて行われた。指定選手の詮衡にあたったのは、高野佐三郎、内藤高治、門奈正、中山博道、斎村五郎、川崎善三郎、高橋赳太郎、の七範士である。三十二名が指定され、その中に、朝鮮総督警務局師範持田盛二、南満州鉄道師範の高野茂義、その他大島治喜太、納富五雄、大沢藤四郎、古賀恒吉、堀田捨次郎、大麻勇次らがいる。

この中で最有力選手は、高野佐三郎の養子で満鉄師範の高野茂義だった。水戸藩剣術師範千種甲午郎の次男である。当時五十二歳。幼少の頃から剣を学んでいる。この大会でも左片手上段を得意として、予選第七組から出場した。準々決勝では教士堀田捨次郎から面と小手を決め、決勝戦に進出する。高野は試合前から「剣道日本一」の呼び声が高かった。

持田は、準々決勝で教士の古賀恒吉を小手、胴で破り、準決勝では教士植田平太郎を突き、小手で退けている。

決勝は、五月五日、五尺五寸、二十四貫の高野茂義と五尺七寸の持田盛二の両範士で行われた。高野はこの日、足を怪我していて思うように踏み込めず、得意の左上段から攻めきれなかった。

この時の模様は、各新聞がつぶさに報道し、各雑誌も取り上げている。『東京朝日新聞』は、次のように報じた。

「高野、持田共に優勝を期待せられたる剣聖日本一の折紙はいづれぞ、晴の舞台に立つ、双方大事をとって容易に剣を合はさずにらみ合ふこと二分、互いに相手の気合いを図りつつ高野は例によって、左上段をとり持田は青眼、必死の構えで数回持田得意の誘ひ突きを見せつつ小手をつらんとすれどもさすがは高野これに動ぜず三分の後如何なるすきを見たりけん高野上段よりさっと面を打下すを持田體を左方にひらきつつ高野の右胴を見事に切って一本をとる。高野機先を制せられて前回示せし名剣のさえを現さず持田青眼をもって上段の高野を心もち演武台の東南隅へ追ひつめた突如頭上に振りかぶれる高野の左小手を切り名剣の誉高き関東州剣界の明星を倒して名誉ある指定選士の優勝者となる。時に午后二時四十分である。所要時間五分三十秒」

まだ三年生の寅雄は、この記事を読み、胸を踊らせた。

その年、講談社は再び持田盛二の招聘を呼びかけている。それ以前、野間清治は、昭和二年夏の講習会に呼んだ日の別れぎわ、持田に「もし東京にくるようになったら、ぜひ私の方へきて下さい」と持ちかけていた。まして天覧試合に勝つからは、野間清治のアプローチはさらにエスカレートしていく。口髭をなでながら、「持田先生を呼ぶぞ！」と意気込んだ。

持田盛二は、野間道場が開場した当時は朝鮮にいて、京城師範や警察で剣道を指導している。野間清治の招待を受けるのは、昭和二年の八月である。持田はちょうど警視庁の道場が完成し、その道場開きのため日本にきていた。

持田が野間（森）寅雄と対面するのはこの頃の、夏の講習会でだった。持田は増田真助との対談の中で、寅雄に初めて稽古をつけた日のことをなつかしがり、こう語っている。

「暑い日でした。その時初めて寅雄さんに稽古をお願いしました。その時、十四、十五歳位だったと思いますが、仲々この坊ちゃん天稟《てんぴん》な子だな――と思いました。利発な頭の良い、決して無理なことはせず――先ほども増田先生から話がありましたが、鏡を見ては、自分から悪いところを直し、云われなくとも自分から先に直すという心がけの良いお子さんでした。稽古だって、あのくらい立派な稽古をする人はおりませんでした。あの頃から、態度といい打ちのしっかりしていることといい、本当に立派な方でした」

この頃、まだ背の低い寅雄には、持田の面は見上げる位置にあった。大きく振りかぶって打ち込んでも届かなかった。近間に入ってやっと打てたが、寅雄の竹刀は面金に当たって右にはじかれてしまうのだった。

持田は、寅雄についてこうも語っている。

「先天的なものがないと、あれだけ利発な人で、器用な人でも、あれだけ使えることはできませんね。やはり天分も多分ありましょうね」

増田は、寅雄が巣鴨中に入った頃に、寅雄に幕末の剣士、森要蔵を見る思いだった、と語っている。

昭和五年七月、朝鮮総督府警務局を辞めて東京に出た持田は、野間道場の師範に迎えられる。野間道場はこの頃、広島からきた桑田福太郎、大正十五年から野間道場の専任教師の大畑郷一、そして持田盛二、増田真助、有信館の矢木参三郎、警視庁の大野友規など錚錚《そうそう》たるたる剣士が揃った。

持田は生涯、野間道場に籍を置くことになる、のち昭和三十二年五月、十段を授与される。しかし高潔な持田は、「私は十段なんかにならない。神様ではないんだから…。まだまだ修業だよ」といって、免状をパッと放り出した。

持田は半世紀にわたり、晩年まで講談社の社員兼師範を務める。講談社の剣道は、すなわち持田盛二そのものであった。

野間道場、関東の剣道界の中心に

剣道の流れは、この頃から変わってくる。

「持田盛二を社員兼野間道場師範に加えてから、関東の剣道界は野間道場を中心にまとまった」

と、『月刊剣道日本』一九七六年の特集「野間道場」の中で、中倉清は大野操一郎（ともに範士九段）、中野八十二（持田盛二の娘婿）らとの座談会の席で語っている。また中野八十二は次のようにも分析している。

「当時の剣道界を関東と関西に分けると、関西は武徳会を中心に集まり、関東の中心である東京はいったい何が中心であったかというと、やはり道場でしょうね。その道場も中山道場や高野道場をはじめ、たくさんありましたが、いずれも個人の先生を中心にした道場で、一般的ではありませんでした。したがってそこで練習するとなると師弟の礼をとるなど、いろいろ難しいことが多かった。その点、野間道場は一般に門戸を開いていたので、修業したい人はだれでも行くことができた。したがって私の感じでは、昭和初期における剣道界の東の中心は、野間道場だといっても過言ではない」

鹿児島出身で、のちに〝剣鬼〟といわれる中倉清九段の場合は、それまでに道場の影響はあまりなかったので、かなり面くらったようである。

彼が初めて野間道場を訪ねたのは昭和五年である。その年の一月に道具を引っさげて上京した痩せノッポの中倉は、有信館、皇宮警察、陸軍戸山学校、そして野間道場と一年三ヵ月間武者修業している。

この頃は有信館の指導者が野間道場に行っており、増田真助や桑田福太郎などに野間道場に連れて行かれ、中倉はそこで野間恒、野間寅雄を知ることになる。また彼は昭和八年の夏、伊香保の道場にも誘われ、稽古した。中倉は、

「伊香保道場の稽古は朝の十時に始まり、それから二時まで、ぶっとおし四時間、休みもなく

やった」と語っている。

「こんな、長い稽古というのがあるのか」

示現流の気風を受け継ぐさすがの中倉も、野間道場の猛稽古には驚いた。

中倉も、野間道場に通うようになってから強くなった一人である。彼は上京してまず、名高き有信館に行き、そこで初めて増田真助に稽古をつけてもらう。気の強い薩摩隼人で、長身の中倉は、増田真助やその稽古の何たるかは知らない。せいぜい「警視庁の助教かな」ぐらいにしか思っていない。中倉がかかって行くと、まず咽に突きを入れられた、横面も打たれた。鹿児島にはない剣法だけに面くらった。負けず嫌いの中倉は、「ないごつか（なぜだ？）」と頭にきた。そしてついに二人は組み打ちになってしまう、二人のあまりの稽古を見かねた橋本統陽が飛び出し、二人を引きはなして、その場をおさめたという。

また中倉は、昭和五年から十年頃まで野間道場に出かけ、恒や寅雄と稽古している。ほぼ同年輩の三人は、いい稽古相手だった。中倉は、恒にはよく勝ったが、しかし寅雄にはどうしても勝てなかった。

二人の剣風を知っている彼は『月刊剣道日本』一九七六年特集の座談会でこう語っている。

「恒さんは私たちには遠慮しているような稽古ぶりで、絶対に無理をしない。あの人は突いたり、横面打ったり、足かかえたりしたけれども、私にはそういうことは絶対にしなかった。寅雄さんはどちらかといえば、あまり稽古は好きではなかった。なんだかんだといって逃げていた」

中倉は、稽古嫌いなその寅雄の返し技に遭って負けることが多かった。寅雄は、いざ本番となると強かったのである。

渡辺敏雄（故人・範士八段）はのちに早稲田大学剣道部師範、講談社剣道部師範に迎えられる。彼は昭和七年に東京高等師範学校に入ったが、当時は派閥があって、高野佐三郎からは「稽古が悪くなる」との理由で他の道場での稽古は許しが出ないばかりか、「絶対に行くことまかりならぬ」と禁止令さえ出た。

それでも渡辺の熱心さのあまり、野間道場のみに行くことが特別に許された。「昭和八年の五月だった」と、渡辺は語っている。最初に行った日、氷川下から市電に乗り、そこで有信館の桑田にばったり会って激励されている。

桑田も、野間恒や寅雄と稽古した仲である。「恒は育ちのいい上品な剣士で、じつに強かった」と語っている。

第４章 栄光の巣鴨中学剣道部

野間寅雄から森寅雄へ改姓

昭和四年三月二十一日。寅雄にとり思いもよらぬ話が持ち上がった。桐生の両親から、姓を変える話が出て、「祖母との約束どおり、森の姓を継ぐこと」と告げられたのである。名付け親の野間清治は、森の姓を残すために、病床の母ふゆが永眠につく前に耳もとでこう言った。

「寅雄を森家のあと継ぎにさせるから、安心してくれ」

母ふゆの死で森の姓が消えることは、ふゆにとっても清治にとっても悲しいことだった。

野間清治の心の中には、まだ戊辰戦争の傷跡が残っていた。彼の父方も母方も、ともに明治維新の動乱期に佐幕側に回り、賊軍の汚名をきせられた家系だったからである。彼も、踏みつけられ、心の痛みを知る教育者だった。

彼が大成させた大日本雄弁会講談社で貫かれた、方針ともいうべき三つの事実がある。そのひとつは、彼が存命中の講談社では、明治維新の功労者の伝記を出版しなかったこと。さらには、薩長を中心とした教育方針に合わず、息子恒を官の教育に触れさせなかったこと。そして、もうひとつは、薩長出身者を社員に採用していないことである。鹿児島出身の中倉清（範士九段）が野間道場に出入りできたのは特例であった。よほど中倉の実力が野間清治に認められていたのだろう。

ところで、野間寅雄を森寅雄に改姓するのは、昭和四年三月二十一日で、寅雄が巣鴨中学三年に上がったときである。清治は桐生の妹ヤスから「いつ頃がいいだろうか」と相談を受けていた。そのつど清治は、「物心ついてからでよい」と言って、のばしている。

清治は三年生に上がる前の寅雄を呼び、森家に関する書類を手渡して、森の姓に変えるいきさつを語って説得している。

しかし、寅雄はショックを受けて、おもしろくなかった。その気持ちを打ち消すかのように、寅雄は剣に打ち込んだ。ちなみに、巣鴨中時代はずっと野間寅雄で過ごしている。

四年生から五年生になる頃の寅雄は、背は従兄の恒と同じく五尺七寸となり、肉づきもよかった。持田盛二、増田真助、それに野間恒・寅雄はほぼ同じ背丈である。初めて見る者には、どちらが恒か寅雄か、面をつけたときは分からないほどよく似ていた。

寅雄の稽古量は増えた。恒と違い、野間道場と巣鴨中学、そして東京高等師範学校で稽古したからである。

この頃の寅雄は、新陰流の剣道書なども読んでいる。そのなかにある、「天上天下唯我独尊《てんじょうてんかゆいがどくそん》」という言葉を寅雄は好んだ。「出たら打ち、引いたら打って出る」に徹することが説かれており、寅雄はそれを実践した。それがことごとく決まった。

昭和四年から六年は、寅雄にとっても巣鴨中学にとっても輝かしい三年間だった。しかし、この時代は大不況で、日本にとって不幸な事態がつづいた。

中国や朝鮮で反日運動が激化するなか、国内では説教強盗やピストル強盗が起きた。『朝日新聞』は「二週間以内に説教強盗を捕えた者に賞金千円を贈呈する」という記事を発表している。

大卒者の四割が就職できないという労働環境も問題になった。大学は出たけれど、三人に一人が就職できないという就職難で、インテリたちの必死の職探しが始まった。のちに東大総長となる大河内一男は『暗い谷間の自伝』の中で、こう書いている。

「学部の提示板を見ても、求人申込みなどというようなものは、ほとんど見当りませんでした。またあったかと思うと、生命保険会社の外務員募集というのがある位いでした」

大手銀行二二五店のうち、大卒の採用は六三パーセントの一四三店だった。また、なまじ大卒のインテリでは職種が少なかったため、給料は低くても中学卒と偽って他の業種で採用してもらおうとする者さえいた。小津安二郎の映画『大学は出たけれど』は、そうした世相をみごとに描いている。

数々の疑獄事件も発覚し、アメリカでは昭和四年十月二十四日、ニューヨークのウォール街

事業に大成功をおさめた野間清治。昭和9年7月29日講談社新社屋落成式の日の記念写真

で株式が大暴落し、世界経済が恐慌に陥った。十二月には、かつて講談社の資金源であった生糸市場も大暴落し、「暗い昭和」が始まった。

一方、こうした暗い世相の中で若い男たちを胸踊らせるものもあった。

不況下の大阪では半裸体を売り物にした「美人座」が現われ、女の裸を描いたポスターが氾濫するなど、エロ・グロ・ナンセンス時代に入る。芸能界では、十五歳の水の江滝子が川口松太郎演出の「松竹オンパレード」にショートカットにシルクハット・タキシード姿で出演し、若い観衆の心を捉えた。ターキーこと水の江滝子がスターダムにのし上がる、男装のデビューだった。巣鴨中学を卒業して『報知新聞』の社会部記者見習となる寅雄は、彼女とも顔を合わせることになる。

しかし、ほかの何よりも快進撃をつづけたのは、音羽の大日本雄弁会講談社だった。野間清治が大正十四年一月に創刊した大衆雑誌『キング』は、日本の人口が六千万人といわれた当時に六十万部を売るという空前のベストセラーとなる。とくに軍人の間で読まれた。野間清治は、完全といってよいほど出版事業に成功した。

昭和九年六月二十六日、野間清治が不況に喘《あえ》ぐ報知新聞社の社長に就任したのは、人生意気に感じたからだった。講談社創業以来、世話になった大隈重信の嗣子信常社長に頼まれて引き受けたのである。野間清治五十三歳であった。

厳しい稽古の伊香保道場

群馬の伊香保道場は昭和三年に建てられた。東京音羽、千葉の勝浦に次ぐ三番目の道場だったが、音羽の道場よりも稽古が厳しかった。

別荘は旧街道の関所跡を中心に、数万坪の山林の中に建ててあり、伊香保温泉の目抜き通りから百メートルと離れていない。

もともと、仕事に忙殺される野間清治の保養のために建てられた大別荘だが、三六五日働く清治にしてみれば、結局一日たりともからだを休めたことはなかった。

年の暮れから翌年四月まで静養に入ったが、清治は毎日、東京から届けられる書類に目を通し、すぐに東京へ帰る少年部員に運ばせていた。

昭和二年に少年部員として入社した望月正房は、当時伊香保に使いに出された一人である。望月は『月刊剣道日本』昭和六十三年二月号「聞き書き剣道史」の中で、当時の野間清治の多忙ぶりをこう語っている。

「少年部員は原則として毎日、東京から一人やってきて、伊香保から一人帰る。社長は伊香保で静養していても会社の書類には必ず目を通しましたから、毎日、少年部員が東京から書類を持ってやってくる。この書類が山のようにあるわけです。それと社長のところにきたいただきもの（講談社又は自宅）も一緒に持って行く。行けば剣道をすることになっていますから、必ず小僧は道具持参ですよ。竹刀を天秤《てんびん》にしてさ、道具と荷物を担いでよろめきつつ渋川駅に降りると、駅員がかけよって手伝ってくれたもんです」

この「伊香保通い」には、誰でも行かせてもらえるわけではない。毎年呼ばれる子供もおれば、落とされる子供もいた。社長みずから名簿にマルをつける。それをリーダーが読み上げて選ばれた。

しかし、本当のところ、あまりの辛さで、誰も行きたがらなかった。社長の指名のため、しかたなく出かけたのである。

伊香保道場は三十坪の広さで、道路から階段を上がり尽きた左手に玄関があった。玄関を入ると社長の居間につづく長い廊下が見え、その途中に池がある。この池を左手に見ながら、さらに長い板廊下を歩いた突き当りに道場がある。その間の右手に、玄関近くより来賓先生方の居間が四部屋、道場近くに二階建て宿舎がある。廊下側の障子を開けると、いずれの部屋からも池が見える。中庭の池を中心に設計されていた。

稽古は午前九時から午後の三時頃まで、昼食抜きで六時間あまり、ぶっ通しでつづけられた。ここには、音羽の野間道場からいく人かの師範が交代で来た。また、野間清治に招待された天下の剣士が、入れ替わり立ち替わり来場し、約二週間ほど宿泊して稽古している。

当時、講談社社員だった安部正雄（兄が義一）は、伊香保道場での稽古風景をこう記している。

「野間社長のアイデアで先生方の了解のもとに初めて見えられた先生は称号、段位に関係なく一番末席に座らされた。勝ち抜き勝負で勝たれた人数分だけ上席にあがられる。持田、増田の両先生や有名な先生はさすがに上席に座られるのが抜群に早かった。かくして五人掛り、三人掛りなどいろんな組み合わせの試合が数多く行われ、座っていても、座った床の上は汗でびっしょり濡れていた。小便の色が茶色に変わるなどよくあることだった。たとえ、少年や青年でも当時の会社の剣士は皆強かった。なにかの大会で優勝するか上位に喰い込む青年も多かったので、外来の先生でも簡単には上席には進めなかった」

席順の決定については、持田盛二でさえ、まず末席に座ってから試合を始めている。これには、当時来ていた範士クラスの剣道家たちが、持田の謙虚さに深く感銘して帰っていく。つまり伊香保道場では、段が上位の者がすぐに上座に座るのではなく、道場に現れた順であった。そして試合の勝負で上座に進むようにしていた。

二週間の稽古のあと、野間清治は、来賓者や社員に饅頭と交通費五円を差し上げている。

饅頭では「伊香保騒動」があった。これは野間清治が伊香保の饅頭を買い占めたことに始まる。それ以前、お客用や社員用に、伊香保の下駄を、全部買い占めたこともある。伊香保で講談社は「買い占め」で有名だった。もっとも、土地の人にしてみれば、これほどありがたい客はいない。しかし、饅頭屋は旅館とも契約していて、全部を野間道場に届けるわけにはいかない。

担当者は、何が何でも話をまとめないと、野間清治に怒られる。そこで、長時間かけて交渉

し、契約にこぎつけたのだが、

「案の定、四、五日たって、旅館の方から苦情がきた。旅館で売る饅頭が不足がちであるというのです。この噂は瞬《また》く間に湯の街に広がった。野間さんが街の饅頭を買い占めたというのである。野間社長のこうした考えは奇想天外なものがあった。勿論湯治客の皆さんにご迷惑をおかけしてはと、契約の何割かは湯治客用として振り分けられた」

と、安部正雄が語っている。

伊香保道場での稽古は厳しかったが、いつも堅苦しいばかりではなかった。たとえば剣士と野間清治とのビール二ダースを賭けた囲碁もあった。福島県出身の警視庁師範、大野友規範士とは、夜二人で囲碁をうつ。その時は、来賓者の頭数に合わせて、野間清治はビール二ダース、三ダースを賭けた。負けたら、道場のほうに届ける。大野が負けたらい一目《いちもく》減らす、といった勝負方法である。

このビールを賭けた囲碁勝負は、いつも大野が勝った。そのつどビールが来賓室や道場に届けられる。おかげで来賓者は、真夏の暑い夜、冷えたビールで喉をうるおすことができた。

そのことがあって味をしめた来賓者たちは、囲碁勝負となると、「大野先生、今日もよろしくたのみます」といって、大野友規をけしかけるのだった。

この伊香保には、冬といわず夏といわず、野間恒も寅雄も、また巣鴨中学の剣道部員たちも押しかけている。地元渋川の中学生たちも、名剣士が来るというので、稽古に訪れ、多いときでは四校四十名が集まった。

稽古は朝の九時、増田真助の指導で発声練習から始った。

「コテ、コテ、コテ。メン、メン、メン……」

と腹の底から大声を出す。

時には地元の中学生と講談社の少年部との間で対抗試合をやる。野間清治は、賞品をうず高く積みあげ、試合のあとで褒美《ほうび》に出した。中学生や少年部員たちにとって何よりもうれしいひとときであった。しかし稽古はきびしく、疲れ果てると、清治の目を盗んで面をつけたままトイレに駈け込み、壁に背もたれたまま眠る者もいた。あまりの稽古で鳥目《とりめ》になった者もいる。なかには、途中で引き揚げた教師もいた。

試合稽古のあった夜は、少年たちは社長室に呼ばれる。

「きょうは、うちのほうが勝つと思ったのに、どうして負けたんだろう」

「きょうの恒の試合ぶりはどうだった？」

と、五分間という約束で反省会が始まる。

「しかし、五分間の約束は永遠に、夜の十二時近くまでつづく。みんな、片方の眼を開け、片方の眼を閉じていた。半分眠っていた」

少年部員の一人であった望月は、当時のことをこう語っている。

あまり長いこと正座していたので、話が終わって、いざ立とうとしても立てなかった。なかには無理して立とうとしてよろめき、唐紙《からかみ》にドスンと倒れる者もいた。

対照的な寅雄と恒の剣道

野間寅雄の体格が、恒を上回るほど成長するのは昭和六年の春である。

この頃、寅雄はダンスや写真に凝《こ》っている。当時カメラなど、よほど裕福な家庭の坊ちゃんでないと買えない。寅雄は試合のときなどに写真を撮りまくり、自分の番が回ってくると急いで面をつけ竹刀を持って立ち上がる、という熱の入れようである。自分の試合はさっと勝負を決めて引き返すという風だったが、これには引率者の増田真助も気が気でなかった。

ダンスのほうは四年生の時、野間清治の車の運転手から習った。車庫で教わり、道場に人がいない時にステップするのだ。中学五年生になると、新橋のソシアルダンスホールに行って踊った。巣鴨中学の親友、利岡和人も連れて行かれてダンスを覚えている。

ブルースやワルツを踊るときは、いつも腰を中心に回るが、寅雄は、ダンスでの腰の動きを剣道に応用した。

また、四年生の頃から、道場の鏡の前で正眼の構えや上段の構え、打ち込みなど、自分の姿を映して研究する時間が長くなる。寅雄の剣道が「美しい剣道だった」と言われるのは、寅雄

寅雄の伊達男ぶりがうかがえる。彼はカメラが好きでダンスも得意だった。これは昭和9年の天覧武道大会が開催される前の一葉。伯父・野間清治の車の前で。

自身、いつも美しい剣道を心がけていたからである。日頃の生活態度や剣道に対する姿勢は、いつも変わらなかった。

対照的なのは従兄の恒だった。

恒は努力家で、何事においても、考え、聞き、そして理屈で自分のものにしている。稽古でも「なぜなんだ」といっては、もう一度繰り返し、そして納得いくまで打ち込んだ。

しかし、剣道と生活はまったく違っていた。

恒は帝王学の道を、昼間は講談社で社長学を教わり、有名教授から講義を聞き、絵を描き、そして演説、文章表現を学ぶ。そして道場では、師範たちの顔を見ると進み出ては、「これはこれは」といって深々と挨拶する。如才ない態度だった。ところが、いったん面をつけると人間が変わった。恒は、立ち上がりからいきなり駆け出して、連続突きを入れることもある。

恒と寅雄をよく知る人たちの間では、恒の変わりぶりに驚く者が多かった。

たとえば、伊香保における群馬の高校教師、峰岸某との稽古が恒の剣を物語っている。

峰岸との稽古では、恒が峰岸の喉に竹刀を突きかけたまま、向こうのガラス窓のところまで押して行き、突いて体ごとぶっつけ、ガラス窓をぶち抜いてしまった。

中倉清は中野八十二（故人・範士九段）、大野操一郎（故人・範士九段）との座談会（『月刊剣道日本』一九七六年特集「野間道場」）でこう述べている。

「やっぱり恒さんは、ああいう家庭に育っておられるかち、稽古の時なんかはワーッともっていくような、気持ちを発散させる傾向も、ときにはありましたね。無茶もしましたし、横面なんかものすごいのを打ちました」

これが恒と寅雄とのちがいである。

寅雄にはこんな話もある。

伊香保には、夏休み、よく稽古に行き、また桐生の両親や兄弟も保養に来た。寅雄が五年生の夏のことだった。

道場の縁側で、寅雄は足を出し、竹刀の弦をしめていた。その時、数匹の蚊が寅雄の左足に止まった。蚊は血を一杯に吸い、足は赤くふくらんでいる。

姉の定子が気づき、「寅雄さん、蚊が刺しているよ」と教えた。竹刀の修理に夢中だった寅雄はその時、「あっ、分かってるよ」とだけ言って弦をしめ続けた。蚊を叩き潰そうともしない。

心配になって、定子が叩こうとすると、寅雄は足の筋肉を、キュッと締めた。すると蚊のほうは、吸い口を締めつけられて抜けなくなり、小さい羽をバタバタさせてもがいた。

寅雄がその蚊をそっとつまみ上げ、庭へ逃がしたのは、竹刀の修理を終えたあとだった。

「お前、腹が減っていたのか。そうか、たっぷり吸ったかい。ほら、家に帰りな」

そう言って、手からはなした。

その時、姉の定子は、弟寅雄の足の筋肉が鉄のようにふくれ上がったのを見てビックリした。

大野操一郎は赴任した四月に初めて寅雄の剣道を見ているが、彼は中倉清、中野八十二らとの座談でこう語っている。

「三年のときはまだ体力がないですから、たいしたことはなかった。四年になって体力ができたら、うまかったですね。体力ができたところへ、技も加わったから、天下におよぶ者がなかった。天下というのは、普通の専門家です。そのくらい強かったですよ」

昭和四年の九月二十三日、早稲田大学主催の全国剣道大会で、大野は先鋒に五年の伊藤馨を、中堅に浦田勝を、そして大将に三年生の野間寅雄をもってきて優勝した。

この大会で、寅雄は片手突きを入れて勝ちまくり「麒麟児《きりんじ》」とさえ言われた。

また同じ頃、巣鴨中学は京都大学で稽古したことがある。その時、大野熊雄と、大麻勇次の弟の大麻唯男代議士（政務次官）が来ていた。大麻唯男と大野熊雄は五高の同級生である。大麻は大野熊雄に言った。

「おまえ、野間寅雄を扱ってみろ」

言われて、大野は野間を引きたてた。ところが、立ち合いからいきなり寅雄が突いた。観戦者の大野操一郎が語る。

「タンタンターンと突かれて、熊雄さんはうしろの畳のあるところに腰をかけて、立てないですよ。立とうとすると、ドーンと突く。そういうことがありました」

寅雄の突き技は、冴えに冴えていた。

飛ぶ鳥を落とす勢いの巣鴨中学と寅雄

大野操一郎と野間寅雄のつき合いは古い。

大野は東京高等師範学校の出身だが、当時、高師では他の道場への出入りが禁じられている。しかし大野は野間道場へ行きたくてしかたがない。

そんな大野に声をかけ、「先生、うちの道場にも来て下さい」と誘ったのは、ほかでもない教え子の寅雄だった。大野は渡りに舟とばかり、音羽の野間道場へ行く。強豪ぞろいの野間道場での稽古は、荒っぽかった。初めて稽古したのは有信館の大男、竹村兼十である。大野は鍔《つば》ぜり合いで、有信館流の左面三本、右面一本をたて続けに打たれた。家に帰って頭をさわってみると、卵程の大きなコブができている。これにはさすがの大野も参った。いわば、これが野間道場からの挨拶であった。その後、大野は野間道場で剣道をやるため、昭和十三年にわざわざ東横線の鷹番町から音羽に引越している。そこから毎朝稽古に通った。

昭和八年、野間道場の遣《つか》い手たちは翌年に天覧試合を控えて九州への武者修行を行うが、これに大野も同行している。

メンバーは持田盛二をはじめ、増田真助、野間恒、森寅雄、小野十生、大野友規、山本忠次郎（翌年、天覧試合「指定選士の部」で優勝）、大野操一郎。行く先々で「参った」と言った者には罰金百円を課すという忍耐の旅であった。一行は東海道本線、山陽本線をたどって九州へ渡り、八幡製鉄所を見学。このあと鹿児島本線で熊本に向かった。

案内役は、旧制八代中学教諭時代から熊本に詳しい大野操一郎である。他の者には初めての九州だったが、いずれも宮本武蔵の心境であった。

この武者修業は、野間清治のはからいで、全員二等車に乗った。当時一等車はなく、二等と

る。三等車のみで、二等車は今日のグリーン車である。白いカバーがつき、座席もゆったりしてい

旅館も、大野操一郎の表現では「一級旅館」だった。

熊本で、寅雄は熊本中学の剣道教師である浅子治郎に試合を申し込まれる。浅子はその後、橿原神宮二千六百年祭で優勝したほどの腕前である。

のちに、この試合のことを中倉清は大野から聞かされるが、いつも寅雄には分が悪かった中倉が首を振りながら、「寅雄さんでは相手が悪いな」と浅子を気の毒がった。

前述のように、寅雄は当時、身長が五尺七寸もあり、野間恒や持田盛二とほとんど変わりない。肉付きもよく、精悍な風貌である。

この試合では立ち会いから一方的に寅雄が打ち込んだ。あまりの早業に、浅子の腕前は問題にならなかった。

大野は、その成り行きを振り返る。

「負けた浅子は『もっと学生らしくやりましょう』と言って再度申し込んでくるんだ。すると、またもたてつづけに寅雄にビシビシと打たれる。負けず嫌いな浅子は、さらに『今度は大人の稽古をしましょう』と、三度目の試合を申し込む。でも、また寅雄にたたかれた。もう、おかしくて、おかしくてね。本当に寅雄は強かった。そしてきれいだったね」

大野は中学時代から育ててきた寅雄の、そのとてつもない強さに唖然とした。とにもかくにも巣鴨中学の四年の頃から、寅雄は際立っていた。

以下、巣鴨中学剣道部の快進撃を記す。

昭和四年四月四日　水戸高校主催・第八回近県中等学校剣道大会優勝（巣鴨中剣道部創立以来、初めての対外戦における勝利）　主将＝伊藤馨、以下不明。

昭和四年九月二十三日　早稲田大学主催・第十三回全国中等学校剣道優勝大会（三人制抜き勝負、参加八十三校）準決勝進出　先鋒＝伊藤馨　中堅＝浦田勝　大将＝野間寅雄

昭和四年九月二十四日　明治大学主催・第四回全国中等剣道優勝大会（三人制対勝負）優勝　先鋒＝伊藤馨　中堅＝浦田勝　大将＝野間寅雄

昭和五年九月十四日　水戸高校主催・第九回近県中等学校剣道大会（五人制対勝負）途中副将が負傷し僅差で三位　先鋒＝笠松孝雅　次鋒＝児島徳郎　中堅＝武田耕一　副将＝近藤正博　大将＝野間寅雄

昭和五年九月二十一日　明治大学主催・第五回全国中等剣道優勝大会（三人制対勝負・参加八十余校）優勝　先鋒＝児島徳郎　中堅＝武田耕一　大将＝野間寅雄

昭和五年十二月二十七日〜二十八日　全日本学生剣道連盟主催（東京日日新聞後援）第一回全日本中等学校剣道大会（二十地区の予選勝者による五人制抜き勝負）優勝　先鋒＝児島徳郎　次鋒＝松岡良夫　中堅＝武田耕一　副将＝近藤正博　大将＝野間寅雄

この頃〝全国〟を冠した大会は各高校や大学主催でさかんに行われ、全日本学生剣道連盟主催の大会優勝を機に、巣鴨中学は連戦連勝を重ねることになる。

この学生剣道連盟主催の大会は、樺太、朝鮮、台湾、満州をも含めた二十地区の覇者を集めて開かれ、名実ともに全国一を決する画期的なイベントである。十一月十六日に陸軍戸山学校での南関東予選を制した巣鴨中学は、翌月、日本青年館の本戦に乗り込んだ。

一回戦では、岐阜師範とぶつかり苦戦した。岐阜師範の次鋒・山田初段は巣鴨中の次鋒・松岡から副将・近藤までを打ち破り、残るは野間寅雄ひとり。だが、この年三段の寅雄は山田を難なくかわし、たてつづけに相手の大将・伊藤までを倒してしまった。

二回戦は金沢三中と対戦。このときも寅雄が敵の中堅、副将、大将の三人に連勝し、決勝進出を決めた。

決勝の対戦相手は、強豪で鳴る鹿児島第一師範である。この一戦で、巣鴨中は副将・近藤までことごとく討ち死にした。例によって

巣鴨学園中学剣道部は各大会で破竹の快進撃をつづけた。前列中央は遠藤隆吉校長、その左は当時剣道部師範の荒木敬二。右端は巣鴨中学が全国に名をあげる原動力となった大野操一郎、左端は小島主、後列中央が森寅雄

寅雄に頼む展開となるが、またも寅雄は中堅・夏迫から大将・竹下までを抜き去り、巣鴨中学は全国の頂点に立つことになる。

まさに、飛ぶ鳥を落とす勢いで、巣鴨中学と寅雄は無敵だった。

しかし、痛恨の一戦もある。

それは、巣鴨中学が名実ともに全国一となった翌年の、同じ大会における決勝である。寅雄が五年になった昭和六年、京都大学農学部で行われたこの大会で、巣鴨中学は二連覇を狙っていた。大会前に京都大学の道場に出向き、大学生や学生ＯＢを相手に本戦のつもりで稽古もした。

取材当時、巣鴨学園剣友会会長をつとめる佐々木二朗は、先輩としてこの大会に同行していた。「珍しく、寅雄にひとつの不安があった」と、佐々木は語っている。この時、寅雄に相談されたことを鮮明に覚えている。むしろ、それを不満な表情で語る。

「当時の関西学生の剣道は先《せん》を問う。先に打つ方を取る傾向がありました。面なんかパァーッといけば、当たっても当たらなくても、審判の手がよく上がったものです。寅雄さんの胴が正確に入っても、一本にならない。寅雄さんは、向こうが面を打ってくると、みんなの前で受けてきれいな胴を打ちます。紙一重に返して胴に入る。ところが、審判は面が入ったと思って向こうに手を上げる。関東では、ほとんどの先生が寅雄さんの力を知っているから、面にきても、返して胴を打つ寅雄に手を上げました。関西と関東の審判が違っていたので、それで寅雄さんは迷ってしまい〝佐々木さん、出てやったほうがよいですか、待ってやったほうがよいですか〟

と相談された。そこで関西の先生方は面を尊ぶ傾向があり、面を取られる恐れがあるから、寅雄さんに先《せん》でいけと言ったんです。寅雄さんは攻めましてね、面に出たんです。ところが向こうは、出小手を引っかけてきた。その出小手が、みんなニギリです。ニギリを打っても、ポーンと音がする。それでとられたんです」

ニギリとは、こぶしのことである。

決勝リーグには巣鴨中学のほか、中学岡山黌（東中国）、高松中学（四国）、小樽商業（樺太）、京都師範（京津）が進出した。そして巣鴨中学、岡山黌、高松中学は、ともに三勝一敗の戦績で並び、ふたたび名門校同士の決勝リーグが争われることになる。

この三ツ巴の戦いは結局、岡山黌が二勝無敗で優勝を飾り、二位巣鴨中（一勝一敗）、三位高松中学（二敗）で終わった。が、巣鴨中にすれば、ニギリ打ちで敗れたというところである。

ちなみに、巣鴨中学と高松中学の一戦は、今も関係者の間で語り草となっている。

高松中学も大将・藤本薫の逆二刀が冴え、破竹の勢いであった。この試合は大野操一郎が正確に記憶している。

「もう、夜遅くなっていました。藤本という選手は、じつにうまい二刀を使ってね、打ちもシッカリとしていました。正直言って、あんな選手がいるとはボクも思っていなかったんです。高松中学の中でも藤本一人が飛び抜けて強かった。両校ともに、まったく五分五分の展開で寅雄と藤本の決戦となりましたが、寅雄はなりふりかまわずに出ていきました。そして、片手突きで決めました。二回やった決勝で、どちらも片手突きで勝ったんですよ。二回目を決めたあとは、さすがの寅雄も、もう疲れた、と言ってね、グッタリと……本当に精根尽き果てた様子でした」

また、高松中学の副将として出場した東原隼一は、寅雄の強さをこう表現している。

「大将決戦になる前に私と野間さんが当たりました。野間さんが出るまでは、ウチのほうが一歩リードしていましたが、私が負けましてね。やっぱりうまいな、と思った。気がついたらストン、と簡単にやられていました。大将戦では、野間さんはだいぶねばりました。手元をやや上げた特殊な構ぇでね、二刀に対しても慣れている感じでした。野間さんは逃げたりしなかった。むしろ圧倒していました」

当時の試合は制限時間がない。しまいには体当たりしたり、組み合ったりという戦いぶりである。押しまくられて、ヘトヘトになったところを打たれて敗れる者もいた。

しかし野間寅雄が敗れたのは、関西の審判に迷ったすえ、ニギリを打たれて不覚をとった、この第二回全国中等学校大会の決勝戦の一敗だけであった。

しかし、この一敗が、野間寅雄の剣風を変えていくことになる。

第5章 ✳ 運命の天覧試合

二度の武者修行の旅

野間寅雄は、昭和七年三月に巣鴨中学を卒業した。先輩の佐々木二朗の勧めもあって、明治大学から誘われている。そのことを伯父の野間清治に相談した。すると伯父は、「剣道で修行すれば、世間に立派に通用する。それに、早く新聞社に入って修行したほうがいい」と言って反対した。

新聞社とは、赤字経営で行き詰っていたところを、昭和五年に野間清治が肩代わりした報知新聞社である。

この頃野間清治は、講談社を息子の恒に、報知新聞社とキングレコードを寅雄に任せる腹であった。それには、大学卒では遅すぎるというので、明大入学に反対し、巣鴨中学卒業と同時に、有楽町にある報知新聞社編集局に入れ、寅雄のすぐ上の姉市子の婿、岩崎の下で経営者の修行をさせている。伯父の清治は、寅雄の人づき合い、人脈、そして新しい世界に進んで飛び込んでいく勇気を高く買っていた。

当時の報知新聞社は、現在の有楽町駅前の読売会館・ビックカメラのところである。道路をはさんですぐ前が毎日新聞社で、線路の反対側は朝日新聞社である。

報知新聞社は、野間清治が社長に就任すると同時に独特な経営方針をとり、それが成功して再興を果たした。のちに二・二六事件のとき、若い将校たちは、野間が経営する報知にはさすがに銃口を向けなかった。ここには錚錚《そうそう》たる剣道家が出入りしていたし、野間道場というバックもあった。それに、朝日新聞とちがい、野間清治は「痛みの分かる」新聞をつくっていると見なされていた。むしろ若き将校たちに愛読されていたと言っていい。

二・二六事件と『報知新聞』についてはのちに触れるが、寅雄は報知新聞社に入社後、背広姿と七・三分けのスタイルで通勤した。社長の甥ということで特別扱いされるが、しかし寅雄のほうには、虎の威を借りるつもりは少しもなかった。彼は机を並べる先輩記者たちに教わりながら、毎日取材に飛び出した。そして仕事が終わると、野間道場で稽古している。彼には剣道日本一になる目標があった。

報知新聞社に入社した一年後の昭和八年と九年には、野間道場から八名が武者修行の旅に出た。恒と寅雄の修行のためである。八年は持田盛二、増田真助らと名古屋を皮切りに京都、大阪、神戸、岡山、広島まで行った。どこに行っても、第一回全国中学校剣道大会で優勝した野間寅雄が来た、というので、会場は満杯になった。入り切れない者は窓にぶら下がって見るほどだった。寅雄は全国の中学生の憧れの的だった。

行く先々で、土地の中学生三人ほどと試合稽古をしているが、寅雄を恒も、ことごとく勝っている。とくに寅雄の突きは、決定的だった。

すでにこの頃、寅雄は昭和九年五月の天覧試合を意識して稽古している。また、この頃から、剣道の本を出版したい、という構想も描いていた。

昭和九年の天覧試合は、五月四日・五日の両日にわたって行われた。この大会は端午の節句にちなんで、「皇太子殿下御誕生奉祝」と銘打った武道大会である。その意味では、昭和四年、十五年の大会とは趣を異にした。

昭和四年の御大礼記念天覧武道大会では、野間恒や森寅雄の師匠である持田盛二が指定選士の部で優勝したが、この大会以来、武道、なかでも剣道は、一般社会に強烈な刺激を与えた。

剣道に関心を持つ者は、全国民の九十パーセント近いものだった、といわれる。とりわけ最大の関心事は、昭和九年の、皇太子殿下御誕生奉祝天覧武道大会だった。

のちに、この大会で優勝した野間恒の場合は、帝国ホテルで各界の著名人を集めた祝賀会が催されたり、またいろいろな講演に引き出されて大スターなみだった。東京帝大や早稲田などの学生たちは、こぞって当時の新聞を読んだといわれる。

軍関係者たちも、わがことのように喜んだ。陸軍士官学校や海軍兵学校の生徒たちのなかには、わざわざ試合経過を実演する者まで現れた。

誰もが、日本一の剣士を夢みていたのである。

森寅雄、野間恒に奇妙な完敗

皇太子殿下御誕生奉祝天覧武道大会の出場を決める予選は、四月に全国各地で開かれた。特選試合や指定選士の部は専門家の試合だが、各府県選士の部は、いわばオープン戦であり誰もが出場できた。

北海道、沖縄はもとより朝鮮、台湾、関東州、樺太など当時の植民地からも各地区代表選手が出場した。段位も新潟県の高校生、浜田芳籌のような初段もいれば、野間恒のように「錬士六段相当」もいる。

植民地では、朝鮮から増田道義錬士五段（33歳）、台湾の大友辰治三段（31歳・警察官）、関東州の菅原恵三郎錬士四段（24歳・新聞社社員）、樺太の高井繁徳（35歳・警察官）らが代表となった。

香川県からは二刀流の名人、藤本薫三段（21歳・通信事務員）が、鹿児島県からは夏迫丸喜二段（小学校教員）が勝ち抜いた。それまで藤本も夏迫も、何度やっても森寅雄にはかなわなかった。

すでにこの頃から、優勝者は森寅雄、という見方が強かった。が、寅雄としては、まず東京府予選で勝ち抜かなければならない。

東京府予選は昭和九年四月十五日と十六日、場所を二カ所に分けて行われた。十五日は東京府第一次予選会で、剣道は青年団、中等学校、大学専門学校、一般の四部門に区別された。

予選会場は府立一中（現在の日比谷高、当時は日比谷にあった）道場で、午前九時に試合開始、午後三時に終わっている。報知新聞記者の森寅雄は十九歳。青年団の部門で出場、向島に住む工藤敬忠から準々決勝で面、胴を連取して一方的に勝った。

青年団の部で準々決勝に残ったのは、この二人のほか荏原の鏑木正明、中野の葛西（名は不明）、蒲田の松本年雄、目黒の千田勝美、日本橋の清水保次郎、深川の川島正三だった。

このうち決勝戦に残ったのは森寅雄と清水保次郎だった。森寅雄は清水から連続して小手、面を奪い、出場ブロックを制して府予選への出場権を得た。二人の対戦を、翌十六日付けの報知新聞はつぎのように解説している。

「両士清眼に構へ、二、三合撃ち合って後、森、清水の竹刀を払って飛込み見事に小手を斬る。ややあって近間に寄ったと見る間に、森（野間寅雄）面を割って勝つ」

この日、中等学校の部では青山師範の戸高嘉明が京橋商業の加藤市郎を降した。大学高専の部では、帝大の常富二男が早大の広沢龍雄から小手二本を取って進出。一般の部では、西村都得人が内山喜内に小手、面の二本を決めて勝った。

十六日の午後一時には、陸軍戸山学校において東京府在郷軍人の麻布連隊区代表決定戦が行われた。この試合は、野間恒、大澤富次郎、秋元敏夫の三人でリーグ戦を争った。まず野間恒は、大澤に小手、面を連続して決めた。

恒に敗れた秋元は、大澤から胴と小手を連取し、ふたたび勝者同士で試合した結果、野間恒が秋元から小手、面を連続して取って、本郷連隊区代表者となった庄子宗光と、十八日に東京府在郷軍人代表者決定戦を争うことになる。

　四月十八日。二つの代表決定戦と、五人による決勝リーグが行われた。試合は午後一時から、府立一中道場で開催された。まず在郷軍人代表、警察官代表、学生代表の決定戦が行われる。その結果、在郷軍人代表決定戦では、麻布三連隊の野間恒が本郷連隊の庄子宗光に横面と面を決めて勝ち進む。警察官代表戦では、警視庁の伊藤雅二が皇宮警察の佐藤貞雄に胴、面を決めた。学生代表戦では東京帝大の常富二男が青山師範の戸高嘉明から小手、面を連取した。

　最終的には、野間恒、常富二男、伊藤雅二の三人に、青年代表の森寅雄、一般代表の西村都得人が加わり、五人によるリーグ戦が争われた。審判は大島治喜太、持田盛二、斎村五郎の三人。

　試合は、まず野間恒対常富二男で開始。ここで恒は、たて続けに面二本を決める。第二試合は伊藤対西村との間で争われ、伊藤が胴二本を連取した。

　第三試合は、野間恒と森寅雄が対決することになった。これは、事実上の東京府予選優勝戦であり、また天覧試合の決勝戦のようなものだった。

　寅雄も恒との対戦は予想していて、それなりの心がまえはできていた。その日は朝早く起き、井戸水で体を拭き、試合に備えた。野間道場に入ると、素振りをやり、基本動作のあと鏡の前に立った。

　この日は、野間清治の息子と、その妹ヤスの四男寅雄の試合とあって、桐生からは剣道一家数十人が上京してこれを見守った。

そのうち、親類の間では、清治の甥で寅雄の兄恒次が、ふと眩いた。

「寅雄の様子がおかしいな」

恒との試合のときに限り、寅雄の動きが止まっていたのである。

この試合を見た者は少ない。大野操一郎も召集されており、見ていない。戦後、大野は寅雄から、「逆胴を打たれた」とだけ聞かされた。

『報知新聞』は四月十九日（木曜日）の市内版でこう報じている。

「事実上の優勝戦なので、満場の目はこの一戦に注がれる。両士慎重に構へ、野間しきりに裏から森の剣尖を払って機をうかがううち、見事に胴に飛び込んで一本を先取。森横面を狙ひ、一度横面にのびたのをしのがれ、続けて横面を撃たんとする瞬間、野間逆胴に飛び込んであっさり勝つ」

寅雄は一本もとれなかった。

恒と寅雄を見ていた人びとは、あまりの呆気なさに唖然とした。何かの間違いではないか、というのが大方の反応だった。寅雄の足は、ほとんど前に出ていなかったのである。

このときから、桐生家の野間家では、「おかしい。なんで寅雄は打たなかったのだ」と互いに首をかしげる日がつづく。

試合後も、そのことを寅雄に質《ただ》すが、しかし寅雄は笑うだけで、何も語っていない。

そのあとの試合では、二刀流の西村と常富が対戦し、西村が面を二本決めた。

寅雄は西村対常富戦のあと、警視庁の伊藤と対戦した。伊藤は、全国の警察官の中ではナンバーワンの実力者である。寅雄との対戦ではかなりの接戦になると予想された。ところが、森寅雄の一方的な勝負に終わる。寅雄は、立ち合いから先を取って伊藤を追いつめ、自分の間合いに入って行く。つぎの瞬間、寅雄は胴を決めた。

また二本目は、伊藤が面を打って出るところを、軽く流して胴に切った。伊藤は、寅雄にまったく歯が立たなかった。

寅雄は、二刀流の西村との対戦では一本目を面に決め、つづいて二本目は胴を切った。さらに、残る東大生常富との対戦でも、一本目を面に決め、続いて胴を取った。

結局、森寅雄は恒に胴を二本取られた以外は無傷だった。

一方の恒も、この日の庄子宗光との対戦以後、全勝だった。合計五人の相手に一本も取らせていない。

この予選で、寅雄は三勝一敗、伊藤は二勝二敗、西村は一勝三敗、常富は全敗した。いずれも野間道場の遣い手を前に誰も歯が立たなかった。いかに野間道場が強かったか想像できる。

「お前は若いから」

野間恒との一戦を控えた前夜、寅雄は野間清治に呼ばれている。そのとき「お前は若いから——」と言われた。そのことは誰にも語っていない。たった一人、長姉定子にだけ、少し漏らしただけである。しかしそれをどう受け止めたものか。

私（筆者）は、あえてこの謎を解くため、森寅雄が親しくしていた二人の男を訪ねた。一人はアメリカのロサンゼルスに住む、前米国剣道連盟事務局長の江戸太郎である。そしてもう一人は、寅雄が日本を去り、アメリカへ渡ることを最後に相談した、小島主（長崎出身、故人・範士九段）である。

ロサンゼルスの郊外、ロミタ市に住む江戸太郎は、昭和十二年、寅雄がロサンゼルスに来たときに剣道を教わっている。いわば寅雄の弟子の一人である。江戸は戦前、戦後を通じ、寅雄の懐刀として米国剣道のため、寅雄を補佐してきた。のちに寅雄が稽古中に倒れた直後、面をはずして介抱したのも江戸である。

戦後は国際剣道連盟理事などもつとめてきた江戸だが、幼少の頃から寅雄に学んだ一人であるだけに、寅雄のことになると、

「五十年、いや百年たっても、寅雄さんのように強くて美しく、香りのただようような剣士は生まれないでしょう。実におしい人をなくした」

といって涙ぐんだ。

彼も森寅雄が昭和九年四月十八日の天覧試合東京府予選で従兄に敗れた原因を知りたくて日本を訪ねている。

私は、ロサンゼルスのリトル東京の一角にあるホテル・ニューオータニのロビーで江戸太郎と会った。彼は日本で聞いた話を、即座には話さなかった。何か咽元に引っかかるものがあり、言葉にならないふうだった。

江戸太郎は、しばらくしたあとで涙ぐみ、やっとこう眩いた。

「私は香港からの帰りでした。日本に寄って、寅雄さんの定子姉さんを桐生に訪ねたんです。その方は寅雄さんから、『前夜野間清治に呼ばれ、お前はまだ若いのだからと言われた』――そう聞いたそうです」

「お前はまだ若いのだから」という野間清治の言葉が何を意味するのか。断言しにくいところがある。つぎの二つの意味にも受けとれる。

ひとつは、「若いのだから、負けてもくよくよするな。精一杯に戦え」ということ。

もうひとつは「若いのだから、次がある」ということだ。が、この二つはあくまでも仮定であり、推測である。

小島主は長崎県諫早市に住んでいた。私が諫早市の南、島原鉄道の線路沿いにある小島の道場と自宅を訪ねたのは、昭和六十四年の春だった。

昭和六年、朝鮮から巣鴨中学の剣道教授に招かれた小島は、竹を割ったような性格の持主である。満州から帰ってきて、自分の進路に悩む寅雄から身の上相談を受けている。

もともと、小島は高野茂義の弟子で、荒っぽい稽古で有名だった。若い頃の小島について、夫人はこう語る。

「いつも、タンカで運ばれてきたり、車で連れてこられたりしていました。怪我ばかりで、そりゃ激しい稽古でしたよ」

小島は、寅雄が恒に敗れた原因について、あまり語らない。耳が不自由で、かたわらにいる夫人を通しての質問に、ただ涙を流し、短くこう答えた。

「剣道は、勝つ試合もあれば、負ける試合もある」

この短い答えは何を意味するのか。その後も私は執拗に訊ねたが、小島はついに頭を振り、「何も言うな！」と怒った。それから、激しく肩をふるわせた。

私は、健康を害している小島九段のからだを心配し、それ以上は質問を控えた。

東京へ戻る機内で、小島の短い答えのことをいろいろと考えた。たった一行の短い答えを聞くために、わざわざ飛行機で東京から大村空港へ、そしてバスで諫早へ行ったことを後悔しないでもなかった。それだけの答えであれば、電話ですませられたではないかと。何も一日潰してまで、聞くに値する答えではない、と自問自答した。

それから二年間、私は小島の短い答えのことを考えつづけた。江戸太郎にも会い、二人の答えを分析した。ふと、この二人の返答から、か細い線のような結果が導き出された。

寅雄が前夜呼ばれたのは事実だ。が、寅雄は清治のことばを「恒と対戦したら譲ってやれ、お前はまだ若いのだから、つぎのチャンスもある」と、自分なりに受けとったのではなかったろうか。

そして、野間清治や恒と同じ屋根の下にいながら、前夜はよく眠れなかっただろうと想像した。

私はのちにそのことを、寅雄の長姉の定子に訊ねた。しかし定子は、「私から申し上げることはありません」と、コメントを控えた。

こうして、四月十八日前夜のことは、結局明確な証言が得られぬままだった。従兄の野間恒に敗れた寅雄は、どうしていたか。翌朝さばさばした顔で仕事場に出ているが、しばらくの間は竹刀を手にせず、まるで剣を忘れたかのようだった。

恒が優勝した天覧試合を報知新聞が詳報

四月十一日には、天覧試合の審判員が発表された。審判員は、高野佐三郎、中山博道、高野茂義、小川金之助、持田盛二、中野宗助、斎村五郎、植田平太郎、大島治喜太らの範士と、堀田徳次郎、古賀恒吉、伊藤精司、橋本統陽、大麻勇次、宮崎茂三郎らの教士である。教士は府県選士のみの審判で、範士は指定選士と府県選士の両方を審判している。

この年の天覧試合の指定選士の部では、中山博道の高弟で、野間恒、寅雄らと一緒に九州へ武者修業した山本忠次郎、美術学校彫刻科出身で院展にも入選したことのある橋本統陽、そして、陸軍銃剣術家の第一人者江口卯吉、菅原融、高野佐三郎の高弟の白土留彦、弘前出身で武専一期生の市川宇門、佐賀高等師範の大麻勇次、小兵の鶴田三雄、それに伊藤清司の名が下馬評に上がっている。

府県選士の部は四月二十四日に出場者が発表され、五月三日に組み合わせが決まった。この中で最有力候補は、やはり野間恒錬士（二十五歳）だった。職業欄には、出版業とある。

報知新聞社は、社長野間清治の息子恒が府予選を勝ち抜いて天覧試合に出場したことから、社を上げて応援している。取材記者には恒に予選で敗れた東大剣道部出身の庄子宗光ら数名がいた。

寅雄は、淋しかった。彼は取材スタッフに入れるわけではなく、編集の仕事と販売業務に精を出した。が、新聞に記事が出るたびに、自然と目が行く。

「鹿児島の夏迫が出てきたか……」

淋しい日々をすごす寅雄とはちがい、野間清治は朝から張り切っていた。それもそのはずで、ちょうど講談社ビルが建設の最中だったからである。

野間清治は、雑誌『キング』六月号で、持田盛二らをよんで「剣道試合座談会」を掲載した。この雑誌のキャッチフレーズは「見よ、六月活躍号の大陣容」とうたい、五月五日の『報知新聞』に全頁広告を掲載している。

報知新聞では、五月四日号の夕刊のトップでは「会場の準備万端整い、選士けふ勢揃ひ」「済寧館に神聖を誓ふ」と四段見出し五段組み写真で宣伝した。

また、五月五日付けの朝刊では、本山荻舟が「天覧武道拝観記」を発表している。この中で「難剣志田氏の二刀、抜群野間氏の風格」という見出しで、初日の試合観戦記を書き、野間恒をべたぼめしている。しかし香川の藤本薫の二刀流などに対しては何も語っていない。出版王の野間清治を意識したところがありありとうかがえる。

試合は四日と五日の両日にわたった。四日は、午前八時、太鼓の音と同時に試合が開始された。この日は各県から選ばれた府県選士の予選が始まり、五十一名を十二部に分けて各部の勝者を選出したのち、さらに三名一組で四部のリーグ戦を行い、最終的に四名が選ばれた。その四名は翌五日、天皇陛下の臨席のもとで優勝を競い合う。

本山荻舟の「天覧武道拝観記」は、四日の予選のもようを語ったもので、「総じて火の出るような勝負は多かったけれども、水の如くすんで透徹した試合は少なかった。そこにまた若い修業者の熱が見られたのである」と評している。

だが、五日の本戦は天皇陛下の臨席とあって、がらりと様子が変わった。このときのもようを、野間清治が主宰する『報知新聞』は、六日付けの夕刊のトップ前面でこう取り上げている。

「このかがやく日、試合場の内も外も感激緊張につつまれた、陛下の臨御を仰ぐ晴れの試合場には選士と役員が整列、拝観席の斎藤首相、桂陸相、各閣僚、地方長官等も最敬礼して待ち奉る。一時十四分、天皇陛下を玉座に拝す、場内は寂として声なく、無言の感激、息づまるような緊張に包まれた」

これを読むかぎり、天皇陛下以下全閣僚、それに地方長官らが一堂のもとに拝観している。非常に不謹慎な話だが、もしもここに爆弾を一発落とされたら、日本の機能は一瞬にして崩壊しかねないほど、各首脳が集結していた。

同紙はまた、試合開始前の雰囲気をこう描写している。

「我剣道界の権威高野佐三郎、中山博道両範士が氷も焼きつくような真剣を手に『エッ』『ヤッ』の腹の腑から絞出す気分と共に大日本剣道形を天覧にそなえる。それに続いて郷土の名誉になった前日天晴れ優勝の府県選士二刀の名手香川の藤本薫と青森の小笠原二郎、帝都代表の野間恒選士と神奈川の瀬下喜一選士の準決勝戦が行われた。この決死の大試合、歴史的熱戦、攻守の火花が散る。続いて指定選士の準決勝だ」

府県選士の準決勝は、まず逆二刀の藤本が長刀を左にかぶり、立ち合いから小笠原二郎の右小手を切った。二本目は、藤本が右の小刀で小笠原の竹刀を払い、左の長刀で面を割って勝ち進んだ。

藤本は、大正三年一月一日、広島県生まれ。香川県の高松市が郷里だが、高松中に入ってから剣道を覚えた。高松中では伝統的に逆二刀流を教えている。藤本は、三年生のときに、中学で二時間、そのあと警察で一、二時間稽古し、夕食のあとはさらに、武徳会高松支部で練習するという努力家であった。また彼の右の小刀はいく分長めで、相手はこの小刀にも苦しめられている。

つぎの試合は野間恒対瀬下喜一戦。

瀬下が面打ちに出たところを野間は逆胴に切った。が、野間が追い込むところを、瀬下は小手に決めて一本一本とする。三本目は、野間が先をとって瀬下を追い込み、小手を攻めたあと、瀬下が小手で攻め返した。その時、野間は面を打って勝った。

つづく指定選士の部では、野間道場の仲間八人と武者修行に出かけた山本忠次郎が、東京代表の江口卯吉（大佐）にいきなり片手突きを出す。これを江口がはずし、面を打つが浅い。しかし山本は離れぎわに面を打って一本取った。二本目は、山本が上段に構えた。が、江口も近間に入って小手で返す。最後は、山本が上段から江口の面を打って決勝進出を決めている。

府県選士の部決勝は、野間恒と藤本薫との間で行われた。審判は府県選士、指定選士とも中山博道、斎村五郎、小川金之助である。

このときの決勝のもようは8ミリフィルムに収められ、市販された。しかし、三本勝負の詳細は収まっていない。報知新聞の解説が唯一の詳報である。こう記している。

「野間、藤本を追い込み、はなれぎわに逆胴を取る。藤本、野間を追い込み、少しさがった瞬間長刀で胴を斬る。互いに一本一本の後、二三分打合って近間に寄り、藤本の体がくづれた瞬間、野間の面見事に決る」

胴の応酬で始まった様子が、これで分かる。

つづく、指定選士の部決勝は、山本と白土の対戦が開始され、山本が出小手一本を決めて優勝した。

ところで、府県選士の決勝戦は、後日、「藤本のほうが勝っていた」という噂が出たほど微妙な試合だった。

観戦者たちの間では、明らかに藤本の面打ちが決まっていたと見る意見が多かった。打ちも多く、主

皇太子殿下御誕生奉祝天覧武道大会・剣道府県選士の部の決勝。
野間恒(左)は二刀の名手藤本薫と激戦の末,優勝を果たした

審の中山博道は、藤本の技に対して、胸元まで手を上げた。しかし、片方の手で押さえて取り消した、とも言われる。

　実質的に主審ひとりの審判であった。主審の感情が多少なり入ってる。しかし藤本の打ちが多かったにもかかわらず、不充分と見なしたあたりが、のちに中山博道への風当りとなった。

「野間びいき」と言われている。

　こうして野間恒は優勝した。また同じ中山博道の高弟で、野間道場のメンバーでもある教士山本忠次郎も指定選士の部で優勝した。

　誰よりも喜んだのは、道場主の野間清治だった。翌日の『報知新聞』は、トップの全面でこれを取り上げている。見出しも、

「聖上の御前に」

「山本、野間両剣士、天晴れ覇を制す」

「強豪精魂を盡して闘ふ。栄ある天覧武道大会」

　そして、左端には、天皇陛下が済寧館に行幸する写真をスクープしている。

　このトップ紙面で、天覧試合以外の記事では、「満州国への特使、秩父宮様に御決定」の記事と「第十四師団の精鋭、けさ凱旋」「国府の重要会議、八日から開く」の三本だけである。

　この中で、同じ天覧試合の柔道の記事は一行も触れていない。山本と野間の顔写真入りの剣道の記事で埋め尽くしている。

　なお、このときの天覧試合は各新聞、雑誌が特集で取り上げた。文藝春秋社の『オール読

物』をはじめ『サンデー毎日』『週刊朝日』『アサヒスポーツ』など十五の雑誌が特集している。

この天覧試合後、野間清治と恒親子は、いたるところに招かれた。帝国ホテルでは文人の集まりの中で、恒の祝賀会が行われた。また六月二十一日には、蔵前工業会館に招かれ、恒は一時間近く講演している。

この中で、恒は従弟の寅雄とのことに触れてこう語っている。

「寅雄に話したことである。道の上に於ては年長も年少もない、君と余共に剣道に全霊を打込む者、君勝つも余勝つも、只之れ実力に依って決すべきのみ。互いに全力を尽くしてその奥義を極めんのみ」

そして、このときの講演が好評で、のちに、「さすが、達人は形なきを見、声なきを聞く」と恒は誉められることになる。

第6章 未知なる大地へ

敗れた寅雄、満州で戦車を操縦する

昭和九年は、日本一の出版王・野間清治にとってこの上もない幸せな年だった。五月の天覧試合で息子の恒が優勝し、七月には講談社の新本社ビルが落成したことで、またこの時期、野間清治は、かの思想家徳富蘇峰をして「私設文部省」と言わしめたほど、その教育法が見直されもした。

ドイツの画家ユルネス・リネンキャムプは、ドイツの一流雑誌『イラストレイテッド・ツァイング』の特派員として世界の偉人たちをスケッチしている。日本人では二・二六事件で襲撃される岡田啓介首相をも描いているが、同氏は七月二十三日に野間清治を訪問して腕をふるった。すでに野間清治の名は、ドイツにまで知られていた。

たしかに彼は、良い作品を続々と出版した。澤田譲の『ヒットラー伝』、鶴見祐輔の『死よりも強し』などベストセラーを出している。当時、全国の書店数はおよそ一万店だが、講談社の出版物はその中でかなりの数を占めていた。昭和九年八月一日付の『講談社内通信』はこう伝えている。

「有難いことに何所《どこ》の書店で聞いても、異口同音に本社の大きなこと、社長様の偉いこと、社員少年の真面目であり熱心であること等々、口を極めて褒《ほ》めて下さる。実際の算盤《そろばん》から言っても書店における全売上高の六割乃至《ないし》八割は本社の雑誌単行本で占めて居るのですから、本社の出版界に於ける勢力は実に偉大であると言はねばなりません」

書物の出版だけではない。昭和十一年に創立したキングレコードは『納涼音頭』(作詞/西條八十、作曲/大村能章、歌/金春勝丸・東海林太郎)を出し、空前の売れ行きを見せ、納涼ブームを引き起こした。

しかし、明るい話題ばかりではなかった。講談社の少年たちが徴兵されるようになるのである。ほとんどが剣道で鍛えているため、全員「甲種合格」だった。森寅雄の入隊の前に、すでに九人の少年が徴兵され、朝鮮の歩兵第七十九連隊に入っている。

召集令は二十歳になった森寅雄にもきた。彼は昭和十年一月に高崎十五連隊に入営して教育訓練を受け、四月十一日には外地転属が決まり急遽入営、戦地入りすることになる。

寅雄の入営が決まると、報知新聞社や講談社など各方面で歓送会が行われた。寅雄にとり、初めての満州行きであった。

四月十一日、新兵を乗せた汽車は東京駅を出発。東海道線を西へと行き、神戸、広島、下関に出て、小倉に入る。かつて講談社剣道部八名による武者修業のときに通ったなつかしい駅だ。八幡製鉄所の本社を見学し、熱風にさらされた日が思い出された。小倉からは船で大連に渡り、さらに汽車を乗りついで十六日、満州国公主領の戦車第四連隊に入隊した。

公主領は、奉天と新京の間にある。駅でいうと、新京のひとつ手前である。ここから北に行くと、北安、黒河、そしてソ連国境である。

機甲会編『日本の機甲六十年』は膨大な資料に基づき、旧日本軍の機甲について、生い立ちから編制装備、運用思想、教育訓練の考え方などを集大成したものだが、陸軍の機甲二十五年と陸上自衛隊の機甲三十五年の二部に分けて編集している。

これによると、陸軍戦車部隊は、五十二大隊と独立戦車第四十九大隊になっている。寅雄が入隊した戦車第四連隊は昭和九年九月、独立混成第一旅団の編制に入り、支那事変（昭和十二年）のときは第一旅団とともに出動し、北支、内蒙の各地を転戦した。のちに戦車第四連隊は満州に帰還、十三年八月、混成団の解散に伴い、第一戦車団に属している。昭和十四年のノモンハン事件のときは、安岡正臣支隊の基幹部隊として活躍した。

戦車第四連隊の三代目隊長をつとめた玉田美郎は、一九八一年十月に戦車連隊長の手記『ノモンハンの真相』を出版している。

この書によると、寅雄が入隊した戦車第四連隊について、こうある。

「昭和九年戦車第二聯（連）隊から作られ、混成旅団に入り、八九式中戦車、九二式重装甲車、九四式軽装甲車の各一個中隊、材料廠という混成で、後に九五式軽戦車が主力となった。（中略）戦車第四連隊の戦歴としては、その一部は昭和十年の華北、蒙疆への出動、翌十一年三月には初代聯隊長渋谷大佐の指揮する渋谷支隊に属してホロンバイルのタウランで外蒙軍との交戦、そして支那事変への出動であった」

寅雄は昭和十年四月十八日から翌年の十一年秋頃まで、公主領の駐屯地にいたから、これらの作戦に加わったものと見られる。

二十一歳の寅雄は、剣道を教えながら、戦車を操縦する訓練を受け、満州北部で、討伐作戦や警備作戦に出動したものと思われる。

この頃、満州では匪賊と呼ばれるゲリラ兵が出没し、日本軍を苦しめていた。捕えられた匪賊の中には、現地で処刑される者もいた。それも銃殺では音がして知れ渡るため、日本刀で処刑したという例が多かった。

寅雄が、満州で匪賊の処刑にタッチしたといわれるのは、こうした背景から想像されたものであろう。とくに、日本一の剣術家として満州の軍隊内でも知れ渡った若き森寅雄に、上官が命令したことは充分に考えられる。

剣道家の多くが、実戦でその腕を試す機会がなかったのは、幸運というべきか、不幸というべきか、私（筆者）には論じきれない。しかし、実戦で使った刀法が、その後、質的に変わっていったのは確かである。

実戦を経験した剣道の大家が、居合の英信流や大森流の血振りのシーンを見て、「あれは何の意味もない。人を切れば刀に脂がついて、これは拭いてもとれるものではない。血振りなどしたところで……」と冷笑するが、これは確かに実戦家にして初めて言えることである。

だが、寅雄は、満州での軍隊生活のことは生涯誰にも語らなかった。ただ「戦車の運転は満州の荒野で鍛えているからうまいぞ」と自慢している。

二・二六事件を満州で知る

寅雄が満州にいるあいだに、日本と満州の関係は強くなっていった。昭和十年四月六日、満州国皇帝溥儀《ふぎ》が来日。天皇陛下が東京駅に出迎えている。また関東軍は日満親善を深めようと考え、皇帝溥儀に子供がいないことから、日本の陸軍士官学校を卒業した溥儀の弟・溥傑《ふけつ》と日本人女性との結婚を画策した。これは昭和十二年四月三日、嵯峨実勝侯爵の娘・浩《ひろ》との結婚で実現した。溥傑は十五年に「国本尊定詔書」を発布し、天照大神を祀る建国神廟を満州各地に建立していく。

そのあたりから軍部では、皇道派・統制派の対立が目立ちはじめた。また中国では、抗日運動がエスカレートしはじめる。十年の五月には、天津で反蒋介石親日系新聞『国権報』の胡恩溥社長と『振報』の白社長が暗殺される。八月一日には、中国共産党が中国民衆に対し、「抗日救国統一戦線」を提唱し、俗に言う「八・一宣言」を行った。

抗日運動は、八月の成都事件、九月三日の北海事件、九月十九日の湖北省漢口での日本人巡査狙撃事件など、続出している。上海では戒厳令が宣布されるなど、中国本土では緊張の日々が続いた。

国内ではスポーツ・芸能・文芸の世界で朗報があった。それらのニュースは公主領の寅雄の耳にも届いていた。

まずスポーツ界では〝暁の超特急〟と呼ばれた吉岡隆徳が昭和十年六月九日、甲子園南運動場での陸上競技で百メートルを十秒三で走るという世界タイ記録を樹立した。そのスタートは世界一といわれた。

十一年二月五日には丸ノ内の日本工業倶楽部で日本職業野球連盟が結成され、七球団によるプロ野球リーグが誕生する。

同じ年の十一月の八日には第二回ベルリン・オリンピックが開催され、日本はマラソンの孫基禎、三段跳びの田島直人、水泳平泳ぎの前畑秀子らが六個の金メダル、陸上の女子で人見絹枝ら四個の銀メダル、十個の銅メダルを獲得した。ちなみにマラソンの孫基禎の記録は二時間二十九分十九秒二で、この頃から日本陸上界はマラソンに力を入れはじめる。

文芸界では、昭和十年八月二十二日から、吉川英治が朝日新聞に「宮本武蔵」の連載を開始し、人気を博した。

「――何《ど》うなるものか、この天地か。

もう人間の個々の振舞いなどは、秋かぜの中の一片の木の葉だ、なるようになってしまへ。

武蔵は、さう思った」

で始まる吉川英治の連載は、公主領に届く新聞を読んだ森寅雄たちを興奮させた。

この「宮本武蔵」の執筆は、昭和九年の天覧試合がヒントのひとつになったといわれる。吉川英治は同年の講談社ビル落成式に呼ばれ、その席で野間恒と剣道について歓談している。

もっとも、恒から聞くまでもなく、吉川英治は天覧試合東京府予選のもようを新聞や雑誌で詳しく読んで知っていた。吉川英治は森寅雄のこともよく知っていて、寅雄が恒に敗れた一戦に首をかしげた、ともいわれる。

芸能界では原節子がポスターに登場したり、淡谷のり子の「別れのブルース」がヒットして、満州にまで流れた。

日本国内でも暗い事件も多かった。昭和十一年二月二十六日、雪に覆われた東京で、皇道派青年将校による政府要人襲撃事件、いわゆる「二・二六事件」が起きる。

当時の朝日新聞は次のように報道した。

「帝都に青年将校の襲撃事件」

「斎藤内府、渡辺教育総監、岡田首相ら即死す、高橋蔵相、鈴木侍従長負傷」

「後藤内務大臣、総理大臣臨時代理に」

また朝の八時五十五分、中橋基明中尉ら五十名が軍用トラック三台に機関銃二基を据えて東京朝日新聞社を襲撃。朝日新聞は印刷の組版を崩されたりした。

報知新聞社には、九時三十分頃、栗原安秀中尉が趣意書を提示している。朝日は襲撃されたが、野間清治が社長をつとめる報知新聞社には『蹶起趣意書』を新聞に載せろ、と手渡しただけで、社内には侵入しなかった」と荒垣秀雄は『昭和人も世も花も』に書いている。

それは、野間清治が軍部に太いパイプを持っていたからだけではなかったようだ。野間清治が出版した『キング』や『少年倶楽部』その他の出版物は、彼ら若い将校たちを鼓舞してきたのである。むしろ野間清治には、お願いしている感じである。

寅雄はその頃、満州で討伐に出動したり、二万人近いといわれるゲリラ集団の匪賊に脅えたりしていた。

森寅雄が満州から帰るのは、昭和十一年の秋である。その前後、大日本武徳会は森寅雄をハワイとアメリカ西海岸に、剣道指導のため派遣する方針を出している。

当時、日本とハワイ間の船賃は七十五円。大金である。

ところで、新兵がなぜ一年半で日本に呼び戻されたのかが謎だ。また、寅雄はアメリカから帰国後再び召集され、昭和十三年に習志野の戦車隊に在籍している。その頃寅雄に剣道を教わった一人、桐生在住で陸軍士官学校52期生の柴田重信（故人・八段）によると、寅雄は「金筋一本、星三つの曹長だった」そうだ。

一年余り渡米していた寅雄が帰国したその年に曹長になっていることにつき、満州で戦車隊にいた陸大の将校、のちに陸軍士官学校教官をしていた大和瀬克男はこう語る。

「私の推測ですが、下士官の試験を受けてパスされ、渡米した時も軍籍にあったのではないでしょうか。でなければ、金筋一本、星三つは考えられません。それにしても、異例中の異例です」

伯父野間清治の絶大なる力によるところも考えられる。いずれにしても二十三歳の軍曹とは、

芙蓉書房出版の新刊・売行良好書　2106

タイガー・モリと呼ばれた男

日米の架け橋となった幻の剣士・森寅雄

早瀬利之著　本体 2,400円【6月新刊】

戦前から戦後にかけて、剣道を通して日米の架け橋とならんとした森寅雄のスケールの大きな**生涯を描く。**「昭和の武蔵」といわれた天才剣士が昭和12年に渡米、ハワイ・西海岸中心に剣道を普及し、フェンシングのチャンピオンにもなった。戦後最渡米し米国剣道連盟創設、ハリウッドスターのフェンシングのコーチも務めた。

アウトサイダーたちの太平洋戦争

知られざる戦時下軽井沢の外国人

高川邦子著　本体 2,400円【5月新刊】

深刻な食糧不足、そして排外主義的な空気が蔓延し、外国人が厳しく監視された状況下で、軽井沢に集められた外国人1800人はどのように暮らし、どのように終戦を迎えたのか。聞き取り調査と、回想・手記・資料分析など綿密な取材でまとめあげたもう一つの太平洋戦争史。ピアニストのレオ・シロタ、指揮者のローゼンストック、プロ野球選手のスタルヒンなど著名人のほか、ドイツ人大学教授、ユダヤ系ロシア人チェリスト、アルメニア人商会主、ハンガリー人写真家などさまざまな人々の姿が浮き彫りになる！

ドイツ人のブッス家

大昇進であった。

ホノルル港に上陸

昭和十二年一月二十八日。横浜港を発った日本郵船の豪華客船「浅間丸」は、十四日間の航海ののち、ハワイのオアフ島、ホノルル港に着岸した。

浅間丸がホノルル港に着くと、日系人が出迎えに来ていた。なかには、日本からの船が着くたびに、かつて移民する時に踏んだ港を思い出して波止場にくる者もいる。移民の多くは、ハワイの糖業に従事している者たちだった。

この頃ハワイではアロハシャツが流行ったが、日本人の男たちは、街に出るときはアメリカ人にバカにされるな、という領事館の教えどおり、ワイシャツにネクタイをしめている。なかには詰襟の男もいる。

一時期、ホノルルのワイキキビーチ沿いのカラカウア大通りは、端から端まで日本企業が買収したホテルが林立しているが、寅雄がホノルルに着いた頃は、ほとんど建っていなかった。ダイヤモンドヘッド近くの、コロニ

昭和12年2月、ワイキキビーチにて。現在のような観光名所の面影はない。左から安田正雄、斉藤要、森寅雄

ーやカイマナビーチホテルがあるあたりにちらほらあるだけで、ほかには港寄りに一軒あるだけだった。当時のワイキキは岩だらけの海岸にすぎない。波が激しくぶつかり、岩を噛んでいた。まだ、観光ムードなどはない。寅雄は、しかし夢に燃えていた。

船上では多くのアメリカ人のパーティに招待され、片ことの英会話で溶け込んだ。十四日間の船上生活は、二十二歳の寅雄にとって、アメリカを知る旅であった。子供の頃から生家を離れ、東京に出て伯父野間清治のもとで育った寅雄は、誰とでもすぐに親しくなった。この船旅でも、日本人やアメリカ人の船客と仲良くなり、ハワイに着く頃には、日常生活に困らぬほどの英会話を身につけている。

ホノルルに着いた時の寅雄の姿を物語る一枚の写真がある。所有者は、最初から最後まで寅雄に師事した当時十六歳の少年安田正雄である。安田は二世で、日本語はあまり話せないが、彼は当時ハワイ少年剣道界ではナンバーワンだった。

平成二年四月九日、私（筆者）がハワイ剣道連盟会長をつとめる赤城昇の家で会ったとき、安田は日本交通公社製の一冊のアルバムを持ってきた。

「このアルバムはぼくの青春です。恩人の大事なアルバムです。大切に、大切にしまっています。今日、初めて日本の方に見せます」と安田は笑った。

扉を開けると、一頁目にその写真があった、寅雄の面倒を見た上原病院の玄関前だろうか。黒のダブルの背広に、日本からかぶってきた黒のソフト帽を持ち、ワイシャツに格子縞のネクタイをしめている。髪はきっちりと分け、首には歓迎のレイが三本、左腕にも一本かけられている。寅雄はいつも明るいが、このときは、とくに眼を細めて笑っている。

持ち物は、トランクと剣道着を入れた信玄袋、それに三本入りの竹刀袋だった。右肩に信玄袋を担ぎ、左手には大きなトランクを軽々と下げ、寅雄は浅間丸のタラップを下りてきた。

体は外国人たちと変わらない。肩幅の広い、がっちりした体だった。

「稽古すると、岩にぶつかっていくようだったね。今の千代の富士みたいな体だった。腕も足も太く、押しても引いても動かなかった」

安田は、初めて稽古をつけてもらった時の印象をこう語っている。

寅雄のトランクの中には、紋付き羽織と袴も入っていて、ワイパフの写真館で記念写真を撮っている。容姿に自信があったのか、寅雄はいつもなれたポーズで納まっている。そして、どの写真を見ても、正々堂々としている。

すでに、波止場には連絡が入っていて、森田精吾らが出迎えにきている。そして、すぐにワイアラエ道場に案内された。ここには武徳会ハワイ支部があった。寅雄は着いたその日から、地元剣士と剣を交えて、あたたかいもてなしを受ける。

当時ハワイには、このワイアラエ道場のほか、曹洞宗本願寺内のアイエワ道場、ワピアワ道場、エワ道場、ワイパフ道場、ヒロ市の武道協会などがあった。

二十九日と三十日は、エワ道場を訪ねる。この道場は一階が子供の遊び場で、二階が道場という、二階建ての建物だった。小さい道場だが、ここには三十名近い剣道家がいた。七段教士でハワイ剣道連盟理事の岡周三は熊本出身だが、この道場で剣道を学んだひとりだ。

明治三十五年、福島県生まれの佐藤虎次郎もエワ道場で打ち込んでいる。村本司七段教士はワピアワ道場で始めた。かつて、この道場には三浦健次初段が来て指導していた。三浦は日本のスパイだったともいわれ、のちにシンガポールで死亡している。

寅雄がハワイに派遣される前のハワイの剣道は、二世の子を持つ両親に支えられていた。アメリカ人にバカにされないため、そして何よりも日本人としての誇りや精神的バックボーンを失わないために、子供が十二、三歳になると道場にかよわせている。

前出のハワイ剣道連盟赤城昇会長は東京で五歳のとき松本敏夫から剣道を学び、のちに慶応義塾医学部に在籍中も剣道をつづけた。戦後ハワイに渡ってからも、専門の外科医を営むかたわら剣道一筋に打ち込む貴重な人物である。

八十八歳（平成二年）になる佐藤虎次郎（故人）は一九一七年にハワイにやってきた。一九三〇年頃には三段だった。彼が本格的に打ち込んだエワ道場には、一九二〇年頃に百人近くがいた。

「道場のない時には、地べたで始めたんだ。夜はランプを下げて稽古した。電気がついたのは一九一九年だからね。来たばかりの時はまだ電気がなかった。防具もなくて、借りてやった。防具持たない人は初段とるのに七年もかかったんだ」

と、佐藤は少年の頃の稽古をなつかしむ。

安田正雄は一九二〇年（大正九年）生まれだが、早くも八歳の時から剣道をやらされた。村本司は十三歳の時、ワピアワ道場に通っている。岡周三は十一歳のときからである。

当時、日本人学校ができ、学校で剣道を教えたことから、しだいに道場通いする者が増えている。

もともとハワイの剣道は、移民した元士族たちの間で始まった。彼らは砂糖黍《きび》畑で働き、暇ができたとき、棒きれを持ち、地べたで立ち合いをやっていたのである。

古くは明治十八年、歯医者の小笠原（名は不詳）が、剣道をハワイに持ち込んだといわれる。日本人学校ができるのは、おもに三世たちが生まれてからで、そこで剣道を教えた。いちばん盛んだった年は一九二〇年、全校でやった。やがてハワイ有段者会ができ、日本の武徳会と連絡をとることになる。

「一九二〇年頃は、全学校で剣道をやったから、全島で何千人もいた。学校数は分からんが、戦争で（二世が）引っぱられ、剣道がダメになった。ワイパフの三上道場（本願寺剣道部）は十九年頃までやっていた。戦後は二十年頃、パイナップル株式会社のジムに愛好家が集まってやったね。岡村（岡周三か）が三十三歳くらいだったたか。ハワイに組織らしいものができるのは、朝鮮武徳会の中村藤吉さんが来た時だね。だから最初ここは朝鮮武徳会だった」

ロサンゼルスでもそうだが、朝鮮武徳会と日本の武徳会の間で、指導をめぐっての問題が生じている。ロサンゼルスもハワイも、その頃、本家日本からの、それも名の通った剣士に学びたい、との要請が出ていたのである。

吉川英治の「宮本武蔵」のヒントになったのが天覧試合優勝の野間恒ではなく森寅雄であるとすれば、〝昭和の武蔵〟と呼ばれた寅雄に白羽の矢が立ったこともうなずける。どうやらこれが、寅雄派遣の背景にあったようである。

ハワイの剣道家に稽古をつける

森寅雄のハワイ滞在は、昭和十二年一月二十八日のホノルル上陸から三月中旬までである。三月二十日にロサンゼルスに着いていることから、ホノルルを三月十六日に出航したと考えられる。

当初、ハワイには一ヵ月滞在の予定だった。寅雄は『ハワイ時事』の記者に次のように語っている。

「ハワイ滞在は約一ヵ月と見積り、渡米の上はロサンゼルスのAAUニューヨーク支部に入って欧州型のフェンシングを修業し、都合によっては南加大学に半年間入学、フェンシングを専攻、渡欧後はドイツのサーベル、フランスのフローレー、イタリアのエッペ各流を修得し、約二ヵ年欧米に滞在して帰国の予定」

『ハワイ時事』はその後、日本語の新聞を読む読者が減ったために倒産するが、寅雄と記者とは、会ったその日から親しくなる。寅雄も記者生活を知っていることが、そうさせたのだろう。インタビューを受けるたびに、寅雄は喜んでコメントした。

ハワイにおける剣道の稽古は、一月二十八日の夜から始まった。

道場別に見ると、ワピアワ道場には着いた日の一月二十八日と二月三日、四日の三日間。エワ道場には一月二十九日と三十日。ワイパフ道場には一月三十一日と二月一日、二日の三日間。

アイエア道場には二月五日と六日。ヒロ市の道場には二月二十一日、ヒロ市剣道協会発会式に出席するために赴いている。

なかでも、ワイパフ曹洞宗信友会主催の森寅雄錬士歓迎大会は、寅雄を興奮させた。これは、ホノルルに着いた三日後の一月三十一日から二月二日の三日間、オアフ島にある信武館道場日本人社交倶楽部で開催された。みな仕事が終わった夜の七時からの開催である。

初日の三十一日夜は、千人以上の人が白い壁のモダンな道場に集まった。道場内に入れない者は、窓にぶら下がってまでして稽古を見ている。ほとんどが日本から移民した人びとだった。

寅雄の歓迎会では、平井隆三、上原病院長、太陽寺主任開教使、信友会監督の大川玄道、教団副団長の横野三左衛門といった名前が祝辞を述べた人物の記録としてある。

横野武信友会会長は、この時英語であいさつしている。

このあと中川新市、渡辺憲市の二人の少年による帝国剣道形が披露される。そして、信武館師範の西本二段の指導のもとに、数十名の基本打ち込みに入った。

さらに、一分間の時間制限つきで、森寅雄に全員が稽古をつけてもらった。初日の最後、森寅雄は大森流居合術を披露している。

稽古のあとでは、講談社映画部が撮影した記録映画『武道日本』が道場内で公開された。このトーキー映画は、遠く日本を離れた人びとの心を揺さぶらずにはおかなかった。

初日の歓迎会が終わったのは、夜中の十二時に近かった。翌日は、寅雄の講演のあと、基本稽古、模範試合、そして大森流居合術の実演と講習が行われる。三日目は基本稽古、錬士対師範代の模範試合、居合講習とつづく。その後、送別茶話会となった。

とくに二日目はエワの尚武館から大内憲寿師範、佐藤虎次郎三段、岡周三初段、アイエアより中山某、ホノルルより和田孝といった腕利きが出張してきて厳しい稽古となった。

森寅雄はこの夜、個人試合を行わせ、自ら審判に立った。また、森寅雄に教わろうと、ハワイの有段者が彼にも試合を挑んだ。高橋三段、佐藤三段、下田三段、そしてまだ少年だが、斉藤要初段もいる。

ワイパフでは、上原病院長宅に世話になる。

寅雄は、海岸に面した病院の芝生の庭でも居合を披露している。

ワイパフ滞在中、彼は斉藤少年に島々を案内してもらう。斉藤要は、ホノルルの安田と並ぶ少年剣士だった。寅雄はこの二人の少年をかわいがり、特別に稽古をつけている。

二月二十八日には、マウイ島武徳会で、寅雄が講師をつとめ講習会を開いた。稽古に先だって、参加者全員で記念撮影を行う。

この頃の寅雄はすでにハワイ生活に慣れていて緊張感もとれている。心なしか、この写真に写った人たちの顔には、安らぎと自信の中に、一本ピーンと引きしまったものが感じられる。

寅雄がハワイでの稽古を通じて感じたのは、ホノルルの少年には全般的に気力がなくて失望したが、アイエアの道場では、子供たちに気迫があり、安心した、ということだった。

青年剣士についても、精神力に欠乏し、剣道に必要な闘志がないのが心配だった。寅雄はこのことを、師範代たちとも相談している。また、

「なかには太刀筋の優れた青年の方も多々見受けますので、そこに勇気を増進せしめたら、母国剣士と試合されても気合負けの不覚はとられまいと思はれます」

とも語り、ハワイ剣道家たちに、気迫と勇気を出すようにと激励した。

この地で寅雄は、こんな話も漏らしている。

「私は子供の頃は、剣道家ではなくて、柔道家になりたかった」

子供の時も、大人になってからも、寅雄は講談社の増田真助に柔道を教わっている。彼の立合に見せる内掛け技は、柔道の技である。つばぜり合いから相手が離れない時、彼は右足を相手の左足の内側に掛け、一気に押し倒し、倒れるところをすかさず面や突きに出た——。

そのあと、寅雄はヒロ市に行って指導にあたる。ホノルルに戻ってからは、ワヒアワ道場などで教授し、その後は観光などに時間を費した。

高台から遠くパールハーバーを眺めながら、寅雄は巨大な軍艦を見て驚くが、のちの昭和十六年十二月八日、日本軍がこの美しい風景を奇襲攻撃するとは思いもしなかった。

また、この戦争がきっかけで、彼が教えた子供たちが、アメリカへの忠誠のため、志願して四四二部隊に入り、イタリア、欧州戦線に出撃するとはなんとも歴史の皮肉である。

しかし、寅雄が強調した「何ごとにも勇気と気迫が大切である。気迫と勇気さえあれば何ごとも叶えられる」という教えがのちにハワイの日系二世たちを奮い立たせることになる。

欧州戦線で彼らは、互いに、「ゴー・フォー・ブローク」つまり「突撃あるのみ、死して帰らず」を合言葉に、突進して行った。

気迫に支えられ銃剣を持った彼らは建物の間を縫うように、壁にはりつくようにして前進した。そして四年間ドイツに占領されていた南フランスのプルニエを、たったの四日間で取り戻したのであった。ここはロスト・パタリオン（失われた大隊）といわれ、絶望視されたアメリカのテキサス大隊が封じ込められていた。それを救ったのである。

もちろん、こうした戦争に巻き込まれることを知って寅雄がハワイの青少年たちに教えたのではない。

四十七日間のハワイ滞在を終えた三月十六日。寅雄は、アメリカ船ラリーン号に乗り込んだ。ロサンゼルスに向けてホノルルを発つさい、彼は大勢の人に見送られるのを辞退した。別れが辛くなるという理由からだった。そのかわり、二人の少年が見送った。

「ぼくが剣道具をかつぎ、斉藤君がトランクをかかえて行きました」

安田がこう語っている。

涙を拭く寅雄を乗せたラリーン号は、静かに岸壁を離れていった。

第７章 ✴ 昭和の武蔵、ロスに渡る

米国剣道発祥の地ロサンゼルスの地を踏む

アメリカの客船ラリーン号がロサンゼルスのウィルミントン港に着いたのは、日支事変が始まる前の昭和十二年三月十九日である。

ウィルミントン港はロサンゼルス市のリトル東京から南西に車で一時間ほど行ったところにある軍港で、貨物船の寄港地としても名高い。かつては毛皮の積み出し港だった。シアトル航路に代わってシスコ航路やロサンゼルス航路が日米航路のメインになると、ロサンゼルスの玄関口であるウィルミントン港はにぎわった。

森寅雄はハワイから四日間の船上生活で片ことの英会話にさらに磨きをかけた。日本人は彼ひとりしかおらず、いやおうなく身ぶり手ぶりで単語を並べ、自分の意志を伝えた。

柔道と剣道をやっていたこともあり、寅雄はちっとも気おくれしなかった。勇気を出して相手の懐《ふところ》に飛び込んでいくのは得意である。片ことの英会話ではあるが、日常生活には不自由せず、顔なじみのアメリカ人とはときどきデッキに上がって夕陽を眺めたりもした。

寅雄は、ハワイから大日本武徳会南加支部に出した手紙が無事に届いたかどうか、気になった。もしも手紙が行き違いになり、出迎えがないときは、汽車を乗りついでロサンゼルスのリトル東京に出る腹を決めていた。そこから先は人伝いに訪ねるつもりである。途中で強盗やスリに襲われたら、携えていった日本刀で叩き落とす心の準備もしている。ピストルを突きつけられたら、相手が引き金を引く前に抜き上げる稽古もつけてきた。

しかし、そうした心配は無用だった。手紙は届き、ウィルミントン港には木島謙治五段、久保田豊五段、志茂多盛四段、青木亀之助、武藤寅熊ら五人が出迎えにきていた。

「あっ、噂のとおりだ」

と、まるで神様でも現われたかのように喜んでいる。

噂とは、いつも見なりがきちっとしていて、一見しただけでは剣道家らしさがなく、ビジネスマンか人気スターに似ている、という便りだった。

五人は自己紹介したあと木島の車に乗り込んだ。ダウンタウンまでの道には砂ぼこりが舞っていた。

ダウンタウンに着くまでの窓外に住宅が見えてくるのは、港を出て三十分もたつころだった。その間、車の中で久保田がアメリカの剣道史のあらましを語ってくれた。

米国剣道発祥の地はロサンゼルスである。一九一四年というから大正三年、ロスの北サンピドロ街の二一九番地で、久保田ら同志主催の秋季剣道大会が開催されている。その後、サンピドロ街一三三番に道場が建った。一年後に移転した「ロス道場」には、ロス青年会剣道部の名のもとに剣の心得のある者が集まってくる。

当時の師範は四国高松出身の大村一心であった。その後、弘前出身の笹森順造、新潟出身の木島謙治が加わる。笹森は当時、南カリフォルニア中央日本人会の書記長であった。

映画俳優の早川雪舟もロス道場で稽古している。

ロスで剣道熱がさかんになるのは一九二九年（昭和四年）ころからで、南カリフォルニア州の各地に剣道場が開設されている。一九三一年には剣道場の数が、ロス青年会、正道館、ガーディナ学園、北ハリウッド、ロングビーチ、サンディエゴ、サンタモニカなど三十四ヵ所に及んだ。剣士の数は千名近くいた。

これらの三十四道場の統一と連絡の必要から、一九三一年（昭和六年）四月に南加（カリフォルニア）剣道同志会が組織された。会長に開業医の木畑辰夫、幹事には久保田豊が就任。ここに初めて剣道団体が組織され、第一歩を踏み出すことになった。同志会はさらに剣を磨くため、その年の八月、日本からきていた高野佐三郎範士を団長とする早稲田大学剣道部一行と剣を交じえた。これが日米間の剣道交流の第一歩で、二年後の九月には大麻勇次教士と深川進錬士の二名が渡米、各道場を回って稽古をつけた。

早稲田大学剣道部は昭和十三年七月にも渡米し、第三回武徳演武大会に参加している。このときは団長高野佐三郎のほか、すでに前年ロスに来ていた佐三郎の次男、弘正も同行し、演武を披露した。フェンシングに打ち込んでいた森寅雄と高野弘正が、ロスの相撲場で帝国剣道形を披露したともいわれるが、不明である。二人の名剣士は互いに避けたきらいもあり、生涯試合で剣を交じえることをしなかった。

高野弘正の渡米は昭和十二年十二月二十九日だが、このときは大日本武徳会からの公式な使節ではなかった。久保田豊が記した『南加剣道史』には、こう書かれている。

「高野弘正教士サンピドロ着、武田寅男支配人同伴。日本剣道海外宣揚使節と銘を打ち渡米」

この「銘を打ち」という久保田の文章はなんとも意味深長で含みがある。高野弘正の渡米は父佐三郎が早稲田大学の剣道部員を連れてロスにやってくる七ヵ月前のこと。すでに弘正は日系の夫人と結婚し、昭和十三年十月二十八日にはサンフランシスコに移った。この地で弘正は、昭和十四年五月に大日本武徳会支部設立を考え、手続き方法などをロスの南加支部に問い合わせている。つまり、弘正はロスの南加支部に対抗してサンフランシスコで旗あげを試みた。しかし、この旗あげは成功したようすではない。久保田の「銘を打ち」という表現には、こうした高野弘正の行動に首をかしげたところがある。

排日ムードの強い西海岸で二世教育のため武道を

寅雄がロス入りしたころの米国剣道界は、ロスの武徳会支部を中心に剣士の養成に燃えていた。

このときのリーダーはのちに範士八段となる大日本武徳会北米南加支部の久保田豊専務主事で、彼は支部設立後の一九三五年（昭和十年）に日本へ行き、東京高等師範学校に高野佐三郎を訪ねて剣道を学び、その足で十二月二十九日、京都の大日本武徳会本部を訪ねている。彼の記録には、「二十九日京都武徳会本部出頭。武徳殿に於て梨本総裁御令旨、並に支部旗を拝受」とある。

久保田が北米南加支部設立を急いだ理由は、北米武徳会の中村藤吉師範が、日系二世の少年たちを剣道教育して暴動を計画している、とのＦＢＩの偽情報から入国禁止となったためである。中村藤吉はサンフランシスコで上陸直後に逮捕され、四ヵ月間不法拘置された。翌年から中村藤吉の入国は許されず、後継者に森寅雄が推薦される。

「大日本武徳会北米南加支部」の設立趣意書は、次のように記している。

「夫れ武道は即武士道也。而して武士道は即正義公道也。古来、我武士は居常廉恥を重んじ克く大義名分を明にし、虚心坦懐、名利の外に超然として一意専心奉公の責務を全ふす。是実に大和民族の精華也。記憶せよ斯の如くにして初めて治世経国の大業成るを。吾人不敏と雖も夙に我民族発展の先駆者を以て任じ、異人種の間に伍して敢て不屈、笑ふて荊棘の道を歩み、断乎として千碍万障を排す。期するところは我国同胞発展大成にあり、つまるところは武士道を発揚して日米の親善を助長し進んで世界恒久の平和の達成に資せんとするにあり。今や世界の趨勢は欧州大戦を画期として国際平和の確保に傾倒されつつあり。此の秋に際し吾人は第一世、第二世とを問わず汎く在米同胞間に武道を普及して以て身心の鍛錬修養に努め進んで米人間にも之を宣伝し武道を通じて一層彼我の親善を図らんと欲するや切なるものなり。(後略)」

発起人は南加中央日本人会会長の迎田勝馬、ロス日本人会会長の仲村権五郎、ロス日本人会書記の藤岡紫朗、南加大教授の中沢健、日加農業組合長の熊本俊典、剣道後援会会長の原豊頼である。弓道、剣道、柔道の三つの部で構成された。

剣道の部は久保田豊、木島謙治、青木亀之助、木畑辰夫ら二十一名の有志をつのっている。支部設立は、排日ムードの強い西海岸で急がれた。その動機となったものは、二世の教育に関わる問題であった。

『アメリカに渡った日本人』(上村信著)によると、排日運動が高まり、日本人移民は一人たりとも入国させない旨の「新移民法」成立後、日系人は窮地に追い込まれたとある。さらにこう書いている。

「日本人社会にはもうひとつの新たな問題が生まれつつあった。それは一世と二世との断絶である。アメリカ国籍をとれない一世はじっと忍耐の姿勢を固持しつつ、アメリカ生まれの二世に希望を託した。一世たちは子供の教育に力を注ぎ、子供たちは優秀な成績をあげて親の期待に報いた」

しかし日系二世に対しても、国籍上の差別が生じた。とくにシアトルでは差別意識が強く、ついに一九三〇年(昭和五年)、「差別撤廃、日系人の地位向上」のため、全米日系市民協会は「市民権の再度取得と二世の再入国」の許可をめぐり運動を展開する。

だが、寅雄がロスにいる間の一九三七年（昭和十二年）に起きた日中戦争のあとでも、アメリカは中国寄りの立場をとり、在米日系人の排斥が始まっていた。一九四〇年になると、アメリカのＦＢＩは対日戦を想定して日系人のブラックリストをつくり上げたりもした。

日系人の一世たちが寅雄を名指しで親しげに呼んだのは、二世の教育のためだった。寅雄はフェンシングをマスターする名目で渡米したが、それは入国のための口実で、本当の狙いは日系二世の精神高揚であった。

日本の教育で育った一世たちは、二世教育には武道ほどふさわしい教育はないと、設立目的で次のように触れている。

「武道を通じて第二世の為、質実剛健なる精神の涵養に資し、模範的日系市民を養成すること。武道を通じて日米親善に努めること」

そのためには、「昭和の武蔵」森寅雄こそ格好の材料となる人物だった。

ロスに着いた寅雄は、都ホテルに宿泊した。三月二十四日には料亭「川福」で寅雄の歓迎会が開かれた。都ホテル滞在は数日間で、寅雄はすぐに南加大に入る手続きをとる。北米南加支部の紹介で家を捜し、さらにアルバイト先も見つける。

『ロス新報』の日系人記者は、寅雄が着いた夜、都ホテルに訪ねてインタビューした。『ロス新報』は、寅雄が剣道指導のため渡米するとの話がまとまった一月十三日付でそのことを報道していた。

過去に大麻勇次、高野佐三郎といった大物剣士が指導に来ているが、今回の報道は木島謙治の紹介もあり、かなりセンセーショナルな扱いだった。それは雑誌王野間清治の甥で、森要蔵の孫にあたることから、血筋に引かれたところがある。『ロス新報』の紹介記事にもそれがよく現われている。

「同氏は幕末神田お玉池の道場で有名な北辰一刀流千葉周作の右腕として、講談でもお馴染の森要蔵四世の孫に当り、報知新聞社並に講談社社長野間清治の甥で、幼時より雑誌王野間氏に育てられ報知新聞社員として奮闘していた人。曽我子爵を会長とする大日本フェンシング協会に委嘱され東京オリンピック大会のために各国のフェンシング・サーベルを研究する傍、わが剣道の粋を紹介する由である」

記者のインタビューに答える寅雄の態度も心を打つものがあった。二十二歳の寅雄はこう答えている。

「今日の剣道界は昔のような流派というものが殆《ほとん》どなくなって、日本剣道形に大成されておりますから、私も強いて言えば北辰一刀流の流れは汲むものの別に何流と限られたものではありません。七歳のときから竹刀をとり野間道場で稽古し唯今でも報知に勤める傍朝夕二回は元日も大晦日もなく、一年中やって居ります。先生は各名家をお招きしていますが、持田盛二範士が何時もきて居られます。高野佐三郎、中山博道等の老先生はもうお年ですから御自分で示されることは少く、持田先生も言葉は何も仰言《おっしゃ》らないが、無言の裡《うち》にその人格で教示して下さいます」

これは『ロス新報』の記者が書いた寅雄のインタビュー記事だが、この中でも血筋の良い二十二歳の若い錬士を高く評価している。

木島謙治にいたっては、もっとはしょっていた。木島は寅雄の渡米を求めた一人だが、持田盛二にも会って寅雄の剣風と人格を聞いている。みんなの前でこう紹介した。

「六年前、持田範士が野間道場へ行かれたさい、森さんが小手をとった。とひとつ話になっている位で、段位は五段ですが現在本当に立合って同錬士に勝ち得る人は日本中一人もなく、子供の時から今まで、試合という試合で一度も敗れたことがない、昭和の宮本武蔵と称せられています」

この時の紹介が、寅雄の評価をロスの日系人や米国人たちに広めたのである。

寅雄は少年剣士憧れの的

寅雄は、ロス市内の各道場に案内されては熱心に稽古をつけた。四月には、市内のグリフィス公園で、二世の少年剣士に竹刀の握り方から姿勢、足さばきなど、基本的なことを教えた。

戦後に米国剣道連盟の事務局長になる江戸太郎は、渡米して間もないころの森寅雄に剣道を教えられた一人である。二世の彼はまだ十三歳だった。彼が見た森寅雄の印象は、こうである。

「先生は二十二ぐらいで恐いもの知らずの時期だった。こっちの人は、あんな剣道を見たこともないからね。攻めてもかわされてポカンと打たれるし、足払いもある。攻めなかったら打たれる。もう、どうしようもなかった。きれいな姿といい、打ちの速さといい……強さもあって、みんなびっくりしたね」

寅雄は、このころ遠間をとっている。問合に入るときは、両足の爪先で床を小さく刻むようにして近づき、相手がわずかでも動くところを大きくふりかぶって打ち込むのである。

江戸太郎はまた、こうもつづける。

「いろいろと日本から先生が来ましたけど、森先生と比べると話にならないね。かわいそうだ、ほかの先生が」

十三歳の江戸太郎の眼には、森寅雄の姿がすっかり焼きつけられ、それだけ眼も肥えていた。寅雄がロスにきて以来、ロスの剣道家たちの剣道を見る眼が変わったのは事実である。それまで大物の先生たちが渡米して教えたが、森寅雄はその剣筋の若さ、スピード、そして匂い立つような美しい姿勢や体さばきを見せつけ、西海岸の剣道を変えていった。

もちろん、高野弘正の美しい剣道も忘れてはならない。ロスでは、こんな話が広がった。

「森寅雄先生と高野弘正先生の二人が一緒になって、日本中の道場荒らしをやったらおもしろいだろうな」

しかし、ロスの少年剣士たちには、若い寅雄の姿が強烈であり、みな彼の影響下にあった。寅雄は憧れの的であった。たとえば、寅雄がハリウッドの女優たちに会ったときの写真がロスの新聞に載るたびに、彼らはそれを誇りにするのだった。

寅雄が、日本から送られてきた『婦人倶楽部』を持ってハリウッドを訪ねるのは五月ごろである。寅雄に剣道を教わる新聞記者の森田幹はハリウッドの役者でもある。寅雄は彼の紹介で

ワーナーブラザーズを訪れた森寅雄。左はオリヴィア・デ・ハヴィランド、中央は森田幹。アメリカへ渡った森寅雄はハリウッドの映画会社を訪れた。それは、戦後プロのフェンサーとしてアメリカの有名な俳優たちを指導する足がかりにもなったにちがいない。

ハリウッドのワーナー映画社を訪ねた。そのとき、人気女優のオリヴィア・デ・ハヴィランドと面会し、寅雄は伯父が出版した『婦人倶楽部』を進呈している。

　森田の紹介でメトロ・ゴールドウイン・メーヤー撮影所も訪問し、そこでも雑誌をプレゼントしては日本をPRした。

　寅雄に剣道を学んだ者は日系人だけではなかった。アメリカ青年の中でも、進んで剣道を学んだ者がいる。

　ワーナー・ゴードンもその一人である。ワーナーは南加大卒で、当時二十五歳だった。彼は、その年の十一月十五日に寅雄の紹介状をもって初来日し、野間道場を訪ねている。彼もまた寅雄同様に片道船賃だけの来日だった。アメリカ人から見た寅雄の近況報告は、このワーナーの一報によく現われている。

「森さんの評判は大したものです。あの男振りで、あの気前。フェンシングも大変な上達で、米国人中でもあの人ほどできる人は少ない。併せて、研究中の映画方面でも大モテ。撮影所へは木戸御免で出入りしている」

　ワーナーの来日目的は、早稲田大学で英語を教えるかたわら、野間道場で剣道を学ぶことにあった。また彼はすでにこのとき、「英文で剣道の本を書きたい」とも語っている。ワーナーは野間清治や増田真助にも会った。野間道場への出入りが許されると、跳び上がって喜んだ。そして講談社のマークをもらい、胴にはりつけて得意がった。

ところで、当時のアメリカ人にとって、剣道はどのように映ったのであろうか。

ロスの『エグザミー』紙は剣道を次のように紹介している。

「知らない西欧人の眼には、それはブロードソード（広刃の刀）とクォータースタフ（闘技）とを一つにしたような物で、合法的な殴打暴行を為すが如く窺える」

この表現では剣道の輪郭をも語り切っていないが、次の表現はもう少し正確で、昭和十二年ごろのホワイトアメリカ人にとり、やはり剣道が異様に映ったことを示している。

「服装はアイスホッケーのゴールキーパーと野球のキャッチャーを一緒にした如くである。打合いはラクロス打球戯、又はホッケー及びそれに類似する。然し、それが持つ複雑な意義を知る人にとっては、それを非常に古い、気品の高い技、単なるスポーツの域を越える日本のフェンシングである。（中略）森氏は筆者の推し測るところによれば、一般の人物である。しかして氏がこの度合衆国を訪問したその使命は興味深く、且つ意義深いものがある。氏の当地滞留は旅行の第一段階であって、各地を訪ねたあと、更にヨーロッパ諸国に向かうはずである。現在氏は南加大学に籍を置いているが、在学期間は半年かその辺を越えない予定のようである」

『エグザミナー』紙のアメリカ人記者は、何度か寅雄の剣道を見ていた。彼の眼には、やはり剣道の技術と心が理解できなかった。記者は寅雄へのインタビューのあとで、寅雄の抱負を聞き出し、こう書き加えている。

「氏の役目はヨーロッパの剣技――フォイルス・エペ・セイバー等のフェンシング型に関する知識を吸収するに在る。これを学んで帰国し、一九四〇年のオリンピック出場候補者に教授するのである。日本人はこれまで一度もオリンピックのフェンシング競技に出場したことがない。日本の剣道はヨーロッパのフェンシングの基をなす〈決闘道〉より遥かに古く、相似点は全くないといってよいほどである。門外漢である筆者の聞いているところが誤っていないなら、日本の剣道は幾世紀も昔の武士時代に源を発するものであって、日本武士の刀は両手を以て欛《つか》を握り、剃刀の如く鋭い刃と鋭い刀先を有《も》っていた。従って攻撃の方法は突き刺すだけではない――」


寅雄の話を聞いた記者の興奮ぶりが容易に想像できる。

とはいっても、寅雄にはこのころ、習いたいたいと思っているフェンシングと出会える当てがあるわけではない。日系の剣道家に聞いて分かるわけでもなかった。

また、南加大に入った寅雄は生活費に困った。授業料も部屋代も払うのがやっとであり、持ってきた金は使い果たしてすでにない。彼はすぐに剣道家たちの紹介で中華料理店の皿洗いや掃除などでアルバイトした。

ダニエル・ソーンという養蜂業者のところで働いていたときのことだ。おそらく、春から夏にかけてであろう。寅雄が農園で「本の木を削って細い木刀をつくり、素振りなどをしていると、フェンシングの話題になった。

「どこで習えるだろうか」

と寅雄が訊ねると、ソーンは、ロサンゼルスのフェンシングクラブに連れて行ってくれた。

そこでは白人の剣士たちが片手で突き合っていた。

フェンシングの師ユーテン・ホーフとの出会い

司馬遼太郎著『余話として』の中の「アメリカの剣客」には、ダニエル・ソーンにフェンシングクラブを紹介してもらった経緯や直後の様子が描かれている。

「見学するうちに実際にやってみたくなり、彼にとってはきわめて奇妙な形と機能をもったサーベルを借りて手にとってみた。振ってみると釣竿のようにしなう。その場で、クラブの幹部と試合をしてみた。五本勝負であった。ところが、負けた」

フェンシングは白人社会の武道であり、ロサンゼルスは排日的色あいが強かったから、そこには有色人種を受け容れるムードはさらさらなかったはずである。まして日本人数名が行って、日本の剣道場を訪ねるようなわけにはいかなかった。ダニエル・ソーンが白人だったからスムーズにいった、と見るのが妥当であろう。のちに「ソーンは、貧乏な寅雄のためにフェンシングの道具一式を買ってやった」と「アメリカの剣客」の中にある。

寅雄をウィルミルトン港に出迎えた久保田豊は、南加大を中退していて、入学の事情には詳しい。アメリカには、外国人が大学に入る前に英会話、読解力を養うための学校があった。寅雄はそこである程度の会話と読解力をマスターすると、大学に進めたようである。

大学に入る前に、寅雄は道場でフェンシングを学ぶが、そこで彼が直接指導を受け師匠と仰ぐことになる人物がいた。それは南加大でもフェンシングを教えていたユーテン・ホーフである。

ユーテン・ホーフはベルギー生まれのアメリカ人で、フェンシングのコーチとしては有名だった。西海岸地区のフェンシングは、ユーテン・ホーフにルーツを求めることができる。

寅雄がＬＡＡＣ（ロサンゼルス・アスレチッククラブ）のフェンシング道場であっというまに五本をとられる不覚をとったのは、初めて防具をつけてコーチを相手にしたときである。彼の構えは、右足を一歩踏み出し、左かかとを心もち上げた、剣道の構えそのものだったのである。

勝負は突きで決まった。

初め寅雄は、右片手でサーベルを振りかぶって打ち下ろした。が、相手にさっと胸ぐらを突かれてポイントをとられる。初体験の寅雄の姿は見るも哀れだった。フェンシングは切るのではなく、突くものだと知ってから、彼は初めて変わった。

「突き」は、もともと寅雄の得意技である。とくに正眼の構えからの左片手突きは、あまりにも正確で早かった、そしてしばらくのあいだ寅雄は我流で練習してふたたびＬＡＡＣの道場に乗り込むと、最初寅雄を破った相手と立ち合い、今度は五本とも奪って完勝してしまったのである。

ユーテン・ホーフも初対面からまもなくして、寅雄の才能を見抜いていた。

「君は日本で有名な剣道家で、このロスで剣道を教えているそうだが、剣道とフェンシングは似ているようで、まったく違う。したがって、フェンシングでは、フェンシングの構えから技を体得していく方が上達の早道である。それには基本がすべてである」

たしかにフェンシングは〝一点の戦い〟である。しかも太さ五ミリのしなやかな刀身をかわすか流すか、またはすり落として先の先に出る。もっとも、それらのことは剣道でやってきたことだから、すぐにマスターできた。

寅雄がユーテン・ホーフについて基本をみっちりと教わるのは九月頃からである。フランスフェンシング連盟が中心となって集大成したフルーレ、そしてエペ、サーブルの三種があり、それぞれグリップも構え方も少しずつ違う。

ユーテン・ホーフは、まずフルーレのグリップから教えた。

「剣は小鳥を持つように握る。あまり軽く持つと小鳥は逃げる。強く握ると小鳥は死んでしまう。それには人差し指の第一関節と親指の腹でヒルト（柄）の最頭部をつまむようにし、ヒルトの後端部を手の平のくぼみに当てる。他の三本の指はヒルトの横に軽く添える。あくまでも親指と人差し指で動かす。三本の指は補助的な役割をもつ」

またサーブルでは人差し指と親指でつまむようにしてグリップし、鍔《つば》から二センチほどはなす。残る三本指は、軽くにぎる程度である。エペの場合も、やはり人差し指と親指でグリップするが、この点が剣道とまったく逆だった。

ただ、サーブルは剣道に近く切る技があった。手の位置を腰の高さに置き剣先を高めにとる。相手を切るときは腕を伸ばしながら前進し、刺すときは左足で踏み切りながら右足を大きく踏み出す。

寅雄がもっとも得意としたのは、このサーブルだった。

彼は二世たちへの剣道の指導にも熱心だったが、剣道で培ったものを生かしてフェンシングに独自の工夫を加え、サーブルに磨きをかけた。すると、その年の終わりごろには、サーブルで寅雄の右に出る者はロスにいないほどだった。

剣道の間合の詰め方の要領で、寅雄は相手にこちらの動きが見えないように、腰を水平に保って近づいて行く。そして　瞬相手が「まずい！」とあせったときには剣先が小さく動揺する。次の瞬間、寅雄は右に切り上げていた。相手が突いてくれば、左にかわして相手の右胴を切っている。また相手が左から右に切り下ろしてくると、剣の右側で受け流し逆胴を切るようにして、相手の胸を払っている。その咄嗟の体さばきに、みな唖然とした。

これには、師匠のユーテン・ホーフも舌を巻いた。むしろ驚愕の眼で見ていた。

昭和十三年二月。

ロサンゼルスで南カリフォルニア州のサーブル選手権が開催された。寅雄はロサンゼルス体育クラブに所属。このとき、主将になっている。

本格的にはわずか六ヵ月しかフェンシングを練習していない寅雄がロス代表に選ばれたのは、師匠のユーテン・ホーフの強力な推薦によるものである。

この大会で森寅雄は、ものの数秒間でことごとく相手を倒して優勝した。当時の現地新聞は、次のように報じた。

「見ごと優勝し、金メダルを獲得、南加選手権を獲得、日本武道のために気を吐いたが、この結果同君は来る四月二十三日からニューヨークで開かれる全米フェンシング大会へ南加州を代表して参加することになった」

この記事は、昭和十三年三月十日付の大阪『毎日新聞』の朝刊で、「ロサンゼルス特電」として日本にも報道された。

その名もタイガー・モリだった。

第８章
全米を席捲した剣

フェンシング全米選手権、誤審に敗れる

一九三八年（昭和十三年）頃の全米フェンシング界は、東部に強者がそろっていた。本部もニューヨークにある。西部ではロサンゼルスに辛うじて普及しており、ＬＡＡＣ体育館や、体育教育に熱心な南カリフォルニア大学（南加大）を中心に指導が行われていた。

またロサンゼルスには映画の都ハリウッドがあり、俳優たちの間でもフェンシングは普及している。

もちろん、ニューヨークやロサンゼルス以外にも強い選手はいた。ジョージア州、オハイオ州そして産業都市シカゴなどにも本格的に教わった選手がいる。だが、活躍ぶりから見ると、ニューヨークとロサンゼルスが二大勢力だった。

アメリカにフェンシングが入ってきたのは一九〇〇年頃だから、歴史的にはまだ日が浅い。ほとんどの地域がヨーロッパ選手をスカウトして指導に当て、広めていた。ひとつにはフェンシングがオリンピック種目になり、華やかになったことが普及の原因になっている。

フェンシングの試合は、幅二メートル、長さ十八メートルのピストと呼ばれる床の上で行われる。そこからはみ出すと無効となる。試合時間は六分間の五本勝負。どちらかが五本を取ったら試合が終わる。

たとえば双方とも四本ずつ取ったら、時間に関係なく残り一本勝負で決着をつける。ただしエペの場合のみ、時間切れで同点の場合は、両方の負けとなる。

エペ、フルーレ、サーブルの三種目とも有効打突を奪い合う。剣道の有効打突と似ているようだが、じつはフェンシングの打突は剣道と大きく違っている。

エペでは全身どこでも有効である。足だろうが頭だろうが、上半身だろうがかまわない。エペを改良したフルーレでは、腕と頭を除いた上半身だけが的となる。そして、エペとフルーレいずれも突き技のみである。

サーブルになると、突き技のほかに切り上げ、切り下げなどが入る。この場合は上半身ならどこでも有効である。頭、咽、剣道でいう甲手や拳、肩など好きなところを打てばいい。

寅雄が最も得意とした種目は、このサーブルだった。寅雄にすれば、べつにどうということはない。剣道がそのまま応用できたのである。

戦前におけるフルーレの王者は、一九二〇年のアントワープ大会を個人・団体ともに制したイタリアだったが、戦後はハンガリー、ドイツ、ソ連が台頭してくる。

森寅雄がフェンシングを始めた一九三七年（昭和十二年）頃の後進国アメリカは、まだレベルが低かった。森寅雄の剣道からの転向は、その意味ではハイレベルだった。

森寅雄を含む西部代表チーム一行は、全米選手権出場のためロサンゼルスから三日間の汽車の旅に出た。ヘッドコーチは、南加大のユーテン・ホーフ。選手以外にも、日系人たちが寅雄の応援に出かけている。

一行はロサンゼルスを発つと、サザンパシフック鉄道でツーソン、メキシコとの国境の町エルパソ、サンアントニオ、ヒューストン、アトランタ、シャーロット、ワシントン、ボルチモアに出てニューヨーク入りした。寅雄にとり東部アメリカは初めての土地だった。

西部代表のなかでも、寅雄はエースであった。当時は団体戦がなく、個人競技のみである。寅雄はそのポイントゲッターだった。ユーテン・ホーフの折り紙付きだけあり、全勝街道を進んでいた。

サーブルの部に出場した寅雄は、相手に一本も与えずに勝ち上がっていった。得意の突き技は剣道で体得した胸ぐらの一本突きである。相手の持つわずか五ミリの細い剣先が中心線からはずれたとき、寅雄は右足を踏み込んでいとも簡単に相手の胸ぐらをまっすぐに突いたり、左肩を叩いた。それも、相手に気付かれないように一寸《ちょっと》ずつ間合をジリジリと詰めてからの突きだから、完璧だった。

サーブルのグリップは、ガードの内側（鍔元）から約二センチほど離し、人差し指と親指で

剣道で培った力を活かして、森寅雄は全米のフェンシング界を席捲した。この写真は戦後に日本の学生たちを指導した頃のもの（明大屋上）。

つまむようにし、残る三本の指は軽く握る。そして指をしめながら打突する。

寅雄は、ユーテン・ホーフに教わったように、右爪先は正面に向け、左足は踵をつけ真横に向けた。背すじを伸ばし、剣を斜め四十五度に下ろして相手にサリュー（あいさつ）した。それから右足を一歩踏み出し、心持ち膝を折り、体重を両足五分五分にかけ、剣を四十五度に立てた。その位置から間合に入り、詰め寄って突いていく。

相手が攻撃してくると、剣の右側で受け止め、あるいはすり上げ、相手の左肩を袈裟切りした。

ところが、思いもせぬ落し穴が寅雄を待ち構えていた。それは、審判員たちが、いずれもニューヨークびいきばかりだったことだ。

全米選手権決勝戦は、西部代表のタイガー・モリと、ニューヨーク代表のＪ・Ｒ・ホフマンの組み合わせで最後の一本を争う展開となった。ホフマンはフェンシングのメッカ、ニューヨーク・アスレチッククラブの所属。上背があり、腕も長くリーチがある、だが、寅雄は得意の間合から入り、突いて勝った、と思った。

最後の一本で、寅雄は相手の剣を殺した。ホフマンの剣をマスク一杯のところで受け流し、切り返したので勝ったと思ったのである。そのとき、審判員はホフマンの剣が寅雄の体に触れたと誤審した。あまりにも早い切り返しが、彼らには見えなかったのである。

この審判について西部側は抗議したが、排日運動の激しいアメリカでは、相手が日本人ということもあり、判定をくつがえすことはしなかった。

当時の審判は、今日のように電気式ではない。電気式になるのは一九五五年（昭和三十年）からである。あくまでも審判員の眼によるものだった。

「モリ、君が勝っていた。君が白人だったら君に手を上げている。私はベルギー人だから、ニューヨークの審判員の態度がよく分かっている。抗議したまえ」

ユーテン・ホーフは、そう言って寅雄を慰めるしかなかった。

「ホフマンの剣が体に触れてなかったのを見抜けないとは、なんという不公平だ！」

後日、寅雄はそう言って悔しがった。しかし、彼は、

「オリンピックで勝って見せる。そのときは我が日章旗を高々と上げてやる！」

と早くも次の試合に賭けるのだった。また、審判上不利な場合は、完璧な一本で決める必要があることも知った。それには、決して相手に突かせないことだ。突いてきても、大きく返して切り込むことである。ロサンゼルスに戻った寅雄は、次の日からすぐに練習に取り組んだ。

寅雄、ヨーロッパ留学を断念して日本に帰る

森寅雄はヨーロッパ留学を志していたが、経済的な理由から断念した。野間清治との間にどのような約束が交わされていたか不明だが、二年間の本場ヨーロッパでのフェンシング修業の道は中断された。しかし、二年後には東京オリンピック開催が迫っている。そのためにも帰国し、一日も早く日本のフェンシングを強化する必要があった。

当時、日本のフェンシング界は、昭和十年に岩倉具清がヨーロッパで学び帰国したのち、同好の士を集めて日本フェンシング倶楽部が発足している。法政大学の渋谷忠三、慶応大学の平沼五郎、明治大学の三上隆彦らが中心となって普及につとめるが、その後、専修大学、東京帝国大学にも同好会が生まれた。昭和十一年十一月二十三日には、法政大学教授の本間喜一が理事長となり、丸の内の三菱ビルに大日本フェンシング協会が発足している。しかし、日本では、まだエペとフルーレしか行われていない。

サーブルが日本に持ち込まれ、強化されるのは昭和十三年。同年五月十四日に森寅雄がアメリカから帰国したあとだった。

寅雄はアメリカを発つさいにフェンシング道具を何組も買い込み、船に積み込んだ。サンファンド港には、日系二世の教え子たちが見送りにきてくれた。そのなかに、赤星貞子もいた。

赤星貞子は赤星一次とウメ（旧姓井上）の間に生まれ、貞子、禎一、孝子、輝子ら四人姉弟の長女である。二世の彼女は母親から「おまえの日本語はさっぱりわからない」と言われ、妹

の孝子と二人で昭和十年に日本へ留学させられた。貞子は朝鮮総督府高等官の伯父、遠藤重太を頼り京城に出、龍谷女学校に入学する。妹の孝子は埼玉県立女学校に入り、日本語教育を受ける。アメリカへの帰国は妹の孝子と一緒で、一九三五年（昭和十年）、浅間丸で帰った。

貞子は帰国後、ロサンゼルスのサンタマリア・ハイスクールに入学。卒業前の六月に、住友銀行ロサンゼルス支店の面接を受け、卒業後に入社している。

森寅雄と貞子の出会いを、貞子自身はこう語っている。

「私が住友銀行に入った二年めのとき。知人に紹介されたの。お互いにダンスパーティに呼ばれたのね。寅雄さんは、とってもダンスがうまかったわ。ハンサムで、大変注目されていました」

その後、二人はデートを重ねた。

赤星家は、熊本県出身である。母ウメの先祖は久留米藩士。父母ともに、九州の出身だった。父赤星一次は両親とハワイのマウイ島に移住していたが、日本に帰る両親と別れて独りサンフランシスコに渡った。一次は苦労しながらオークランド・ハイスクールから名門のスタンフォード大学に入学する。

スタンフォード大学は、東部のハーバード大学と並ぶ西海岸の名門私立大学。赤星一次はレストランで皿洗いをしながらスタンフォード大学法学部に学んだ。彼はレストランの社長とパートナーを組み、レストラン経営に意欲を燃やすまでになるが、事業をとるか、教育をとるかで悩む。結局パートナーシップ権を売り、大学を卒業した。彼は弁護士になろうとするが、市民権のない彼は弁護士の資格が得られず、法律家の道を断念した。一時、法律事務所で働き、のちニューヨークライフやアクシデントライフなどの保険会社につとめながら、四人の子供を教育した。

こうした一次の生き方に対する共感もさることながら、寅雄が貞子に好意を寄せたほかの理由として、寅雄の曾祖父森要蔵は細川家家臣であり、互いに先祖縁《ゆか》りの地が近かったこともある。

フェンシングを勉強し、東京オリンピックに出場して日の丸を上げたいという話は、寅雄がダンスパーティで知り合った頃、赤星貞子に打ちあけている。その後、彼は時どきロサンゼルスの赤星家の食事に招かれた。すでに二人は結婚の約束までしている。

「式場は、東京の軍人会館にしよう。ぼくも赤星家も日本人。日本人らしく式を挙げたい。必ず、日時を決め、知らせる。両親と一緒に東京にきてくれ。桐生にも行こう」

寅雄は、貞子に固く約束する。

寅雄がヨーロッパ留学を断念して日本に帰る準備に入っている頃、名剣士高野佐三郎の次男高野弘正教士がプライベートでロスに到着する。寅雄は料亭「川福」に高野を訪ねるが、しかしついに剣を交じえることはなかった。

高野弘正と森寅雄、この意気さかんな二人の若い剣士は、ロサンゼルスで別れた。

昭和十三年七月十四日、弘正の父、高野佐三郎を団長とする早稲田大学剣道部一行がロサンゼルスのサンファンド港に到着。高野弘正や北米南加支部の幹事たちが車を出して出迎えに行った。早稲田の剣道部は、藤田正道、斎村五郎の次男、斎村虎雄、光永栄、浜田拓也、太田文人、大岡視、仁藤正俊、松岡実、大島宏太郎、浜岡忠雄ら合計十九名である。彼ら一行は、昭和六年に次ぐ第二回目の遠征隊であった。

七月二十三日から二十四日の両日には、第三回武徳祭演武大会および早大剣士歓迎大会が大日本武徳会北米南加支部主催で開催される。

だが寅雄は、この一行とすれ違うようにして帰国した。横浜から汽車で東京に出ると、寅雄は車で小石川区関口台町の野間家に戻った。野間清治夫婦、それに従兄の恒に会い、桐生へも手土産を持って挨拶に出かけた。

帰国後の森寅雄は、軍籍にあった。その年の七月には習志野市大久保にあった習志野教育隊で、予科士官学校卒業生たちに剣道を教えている。この場所は現在、日大生産工学部になっている。五月に市谷の士官学校を卒業した者は本科に入る前の六月から約半年間、隊付勤務を命じられ、実戦の訓練に入り、その間、剣道や柔道に打ち込んでいる。

昭和十三年五月に士官学校を卒業したばかりの柴田重信（教士八段）たちは、六月、習志野の戦車第二連隊に入隊した。入隊して間もなく、卒業生は連隊道場に集められ、稽古となった。

連隊長はのちにノモンハンで戦死する吉丸清武中佐である。吉丸は、上座に座っている男を紹介した。柴田たちが初めて見る若い剣士だった。姓は違うが、名前はよく知っている。彼らにとり、その男こそ憧れの人物だった。士官たちを前に、吉丸は得意顔で紹介した。

「こちらは、森見習士官である。日本一の剣道家だ。君ら若い者は、大いに剣道を習いなさい」

元立ちは、吉丸連隊長と森寅雄の二人。士官候補生たちは、森寅雄に向かっていった。しかし、ことごとく先をとられ、打たれた。組み打ちになると、右足を外側からかけられて突き倒され、剣先を喉に刺した。

「巨岩にぶつかるようなものだったね。ビクとも動かなかった」と柴田は語る。

昭和十三年といえば、寅雄はまだ二十三歳と若い。候補生たちは二十歳。三つしか違わないが、防具をつけた寅雄は、はるかに大きく見えてしかたがなかった。

「われわれは十人前後、稽古に行った。掛稽古、地稽古と、三回相手してもらった。私は強い方だったが、まったく歯がたたなかった。すごいな、とそれだけです。止まると打つし、出ると打つ。引くと突くなど、アメリカから帰って間もないのに、剣先が生きていた」

柴田たち士官候補生は二ヵ月後に森寅雄と別れた。寅雄はその後、再び満州へ渡り、公主嶺に行き、戦車学校へ転任している。その時の森寅雄の階級が「金筋一本、星三つ」の曹長だった。

野間清治と恒の死に号泣する

寅雄は、アメリカから帰国した直後に大日本フェンシング協会に顔を出し、東京オリンピックに向けてフェンシングをコーチしている。

現在、日本フェンシング協会副会長で株式会社デサント顧問の佐野雅之は、当時、寅雄にコーチを受けた弟子の一人である。練習場は、今はないが三菱東二号館の地下一階だった。赤レンガの美しいビルで、ちょうど馬場先門の明治生命ビルの裏側にあった。

佐野はこう語る。

「森さんがサーブルを日本に持ち込んだのだが、ぼくは非常に素質があるとほめられてね。それで森さんの助手みたいなことをやらせてもらった。森さんに徹底的にサーブルを教わったおかげで、昭和十五年と十六年の全日本選手権をとった。まあ、森さんの一番弟子だった。そりゃ森さんのサーブルはみごとなものだったよ。突き、切りと自由自在だ。ぼくらは本物のサーブルを見るわけだ。なにしろ昭和の武蔵と言われる剣道家だからね。戦後も、森さんはフェンシングを広めた大功労者だ」

寅雄は数十本のフェンシングの剣と、英文のルールブックを持ち帰っていた。その英文のルールブックと、これまで日本で教わってきたルールが、よく読むと同じである。そのことを知った選手たちは、寅雄の英語を使った練習法に変えた。英語はフェンシングの公用語ではない。公用語はフランス語である。が、アメリカでは英語を使っていた。そこで日本も、しばらくの間は寅雄のやり方で英語を使った。だが、やはり公用語のフランス語でなくては、ということで、一年後にはフランス語に戻すことになる。

寅雄は、もちろんフェンシングだけでなく剣道にも精を出し、せっせと野間道場にも通った。

昭和十四年皇道義会武道大会では、講談社チームの大将として出場している。

この大会は三人制で、準々決勝まで一本勝負だが、準決勝と決勝戦は三本勝負。警視庁勢四

チーム、講談社勢二チームなど合計三百人ほどが出場し、会場を二つに分けて行われた。中倉清らの強豪も出場していた、

巣鴨中学時代、寅雄の二年後輩になる岡田吉之助（八段範士）は、当時東京鉄道局に勤務していた。彼も寅雄に啓発されて剣を研いた一人である。寅雄を心から尊敬し、寅雄から剣道の何たるかを学んだ。

この大会まで、岡田は卒業した先輩と別れたままになっていた。消息は知っていたし、アメリカから帰国したことも知っている。

その岡田が、七年ぶりに皇道義会で恩人の寅雄と会えたのである。

「きれいだったね。トラさんに会えたことが、今日の私の剣道の土台になった。あんなきれいな剣道家は、ちょっと出ないのではないかね」

岡田は三回戦で先輩の寅雄と対戦している。

そして、岡田が面にいったときのことである。

寅雄の左足が袴に引っかかった。間に合わないと直感した次の瞬間、寅雄は右に倒れながら、岡田の右胴を切っていた。

打たれた岡田は、この一本だけは今でも眼を閉じると昨日の試合のように思い浮かぶ、という。

寅雄は昭和十七年の「日満大会」にも出場し、恩師である持田盛二と対戦している。このときの審判は中山博道である。寅雄は持田の右肘すれすれに竹刀を入れ、右片手で胴を切って勝

っている。この試合のあとで、博道はそっと寅雄を呼びつけ、耳もとでささやいた。

「今の胴は、おまえだったから取ったんだぞ」

のちに寅雄は恩師との試合のことを、先輩の浦田正夫に苦笑しながら、

「持田先生と対決させられたんだ。一本入った。フェンシングを応用して胴を切ったよ、三本勝負に勝ってね」

と話している。この頃の寅雄には、しきりにフェンシングの技を剣道に取り入れようとした努力の跡が見られる。ちょうどフェンシングを習い始めたときに、剣道の技を取り入れたようにである。

それは一九四〇年の東京オリンピック開催が、日華事変を理由にＩＯＣから取り下げられ、フェンシングでの金メダルの夢が消えたあとのことだった。彼の夢は、歴史の流れにうち消されてしまったのである。

話は前後するが、じつはこれより以前に、寅雄にとって忘れることのできない大事件が起きている。それは、想像しなかった野間家最大の悲劇であった。

昭和十三年十月十六日。日曜日のことである。

報知新聞社社主であり、出版王として多くの少年に夢を与えてきた野間清治が急逝した。

この日は朝から雨が降り、肌寒い一日だった。野間清治は午前九時には起床し、居間の大きな机の前に端座して社員の一人と「如月会」で行う朗読の練習を指導した。そのあとは少年部の指導者を呼び寄せ、指導の心得を教えている。正午前には、もう一人の少年部を呼び、「人

生に苦あるか」の一文を読ませ、じっと聴き入っている。

少年部員が「人生に苦しみなし。人生は楽しみの連続である」のくだりを読んでいると、まるで自分に言って聞かせるように、「うん、さようだ。そのとおりだ！」と強く頷くのだった。

野間清治は『報知講談』に収録されている小論文「人生に苦あるか」を読んでは、自分自身を励ましている。

その頃の野間清治は、人生六十一年の間で一番苦しいときだった。事業はすべて成功し、彼の大衆雑誌は日本中の若者たちに勇気と生きる夢を与えてきた。

だが、神に祈っても、いかなる大金を積んでも、どうすることもできないことが起きていた。それは彼だけが知る苦しみだった。

一人息子の野間恒が胃癌と診断され、余命いくばくもない身であったのである。同じ屋根の下にいた寅雄も、恒の病名は知らされていなかった。

恒は、内幸町の南胃腸病院に入院していた。

病名は胃潰瘍とされた。過労と隠し酒が命を縮めたといわれる。手術後の恒は、医師たちと何ごともなかったように談笑した。『講談社社内通信』57号は医師と恒との対話をこう掲載している。

「剣をとっては日本一、向うところ敵なしですが、われわれのメスの前では――」

「違いますよ。斬られたのではなく、切らしてあげたのですよ。何年おやりか知りませんが、案外ですね、私ならもっと手際よくやりますよ」

「剣とメスとでは違いますよ」

「道は一つ。一事が万事ですからね」

「まあ、「麻酔をかければそれまでですな」

麻酔などは、私にはききませんよ。メスの音、ピンセットの響き、先生方のお話、時々術語で難しいことを話していらっしゃったのを皆聞いておりましたよ」

この頃は胃潰瘍だったが、しかし病状はおもわしくなく、父親の清治には癌と伝えられていた。それだけに、一人息子の本当の病名を知らされたショックは測り知れない。彼は恒が入院中、淋しくなり、少年部員たちをかたわらに呼んで本を読ませている。それは同時に、〝私設文部省〟といわれた教育者野間清治の指導でもあった。

日系二世の赤星貞子と結婚

少年部員黒崎勇の「初代社長様、御逝去当時の追憶」には、清治が急逝する前夜のことがありありと書かれている。清治は届いたばかりの絵本『日本武尊《やまとたける》』『乗物画報』『面白漫画まつり』の三冊を出し、批評させた。黒崎には「いつもと違う」と感じるものがあった。

「旦那さまはいつも床につかれてから、私共に小説や講談や落語など、いろいろのものを朗読させて、お聞きになるのが楽しみで、これが数年来の日課になっていました。この夜も私が行くと〈黒崎、今夜は何を読んでくれるのだい、面白いものを聞かせておくれ〉と元気におっしゃいました。それから私が〈小勝〉の落語を朗読してお聞かせ申上げました。すると午前三時半と思われる頃、旦那さまはモックリ床の上に起き上り、何かジッとお考えになるような姿勢で暫くおられました。その時の御様子は全く神々しく神様のような姿でありました。私は読むのをやめて、その尊い御様子を見守っておりましたが、暫くすると旦那さまは何か頷かれるようにウンとおっしゃって、またもとのように床に臥されました。やがて〈黒崎、今日は大分遅くまで勉強させてすまなかった。気の毒だったね、御苦労さま、もうお休み〉とおっしゃったのが朝の五時頃でした」

翌朝九時に起きた清治は、三人の社員の朗読を指導している。松本正二はその日の野間清治の最後の目撃者であるが、彼は当日の朝のことを『講談社社内通信』57号にこう記している。

「十月十六日。この日は日曜日。如月会の修養会があるので、その席上、私は野間会の『報国』誌上に載った荒木三作氏の書かれた『愛育に生くる喜び』という一文を朗読することになっておった。社長さまには前日からその朗読の練習を御指導下さり、その日の朝もお目覚めになるとじきに、お居間へうかがいお願いいたしました。お好きな煙草も手にされず、慈顔を私の方に向けて〈読んでごらん〉私は座ったまま読み出すと〈一寸《ちよつと》お待ち、講堂では立って読むのだろう。立ってやりな、気分が出るよ〉と仰言《おつしや》られる。私は立って読み始めた。〈一寸お待ち、読むのが少し早い、もっと力強く〉次を読んで行くと〈そこは、もっと声を大きく〉(中略)〈ウン、大分よくなった。朗読もなかなかむずかしいものだよ。朗読を上手になるには、先ず落着いてやることだ。次に流麗に読むことだ。それから明示といって、よく分らせるように心掛けることだ。この三つが大切だよ〉」

松本は十時に小石川区関口台町の社長宅を退場した。彼は四、五回練習したあと、その日の正午すぎに修養会に行くため、一度清治を訪ねている。その時、野間清治は風呂場で口をすすいでいた。そして松本に「御苦労さま」と言った。

心労の重なりが原因の、狭心症による野間清治の急逝は、それから三十分後であった。

もっとも黒崎も松本も、二代目社長となるはずの恒の病名は聞かされていない。朗読を聞きながら突如起きたり、独言《ひとりごと》をいったりして頷く清治が、恒の病気を苦にしていることも知らなかった。

黒崎と松本の手記は、晩年の野間清治の苦しみまではのぞいていない。恒の死は時間の問題だったし、恒なきあとの講談社グループのことも考えねばならない。

そのひとつとして、清治は講談社を法人組織にする考えを具体的に進めている。幹部たちにも、社の発展のため、株式会社に組織化する旨をもらしている。だが、組織化はあまりにも突然の急逝で実現されなかった。清治自身、まさか胃癌の恒より先に死去するとは思っていなかったろう。

享年六十一歳だった。

野間清治の死後は経理を見てきた妻の左衛子が社長を代行した。

野間家の悲劇はその後にもあった。清治の急逝からわずか二十日後に、天才剣士といわれた野間恒が、眠るようにしてこの世を去った。二十八歳だった。

野間清治は生前、恒の子供を残すために胃潰瘍手術後の昭和十三年二月二日、陸軍少将町尻量基の長女登喜子と、東京会館で結婚式を上げさせた。

しかし二人は子宝に恵まれず、野間清治、恒の死後は、女二人だけが取り残された。

清治と恒の相次ぐ急逝を故郷の桐生に連絡したのは寅雄だった。電話を入れ、通夜から告別式の日どりまでを伝えた。

寅雄はショックを受け、しばらくの間、剣道を取り止めた。恒の死後、桐生では後継者問題が持ち上がった。寅雄と登喜子未亡人との再婚話まで出たが、寅雄のほうで断った。彼には赤星貞子との結婚の約束があり、迷うまでもなかった。貞子との約束をとった。こうして寅雄と登喜子との再婚は実現しなかった。寅雄が講談社およびキングレコード、報知新聞の経営者となる線は断ち切れることになる。

寅雄は清治・恒の死後、血縁関係のない小石川関口台町の野間家を去った。そして、ロサンゼルスの赤星貞子との結婚を急いだ。

赤星貞子は昭和十四年の暮れ、戦争の恐れから渡航許可が下りずに苦労したが、許可が下りると日本行きの船に乗った。

昭和15年5月、森寅雄は市谷の軍人会館で日系二世の赤星貞子と結婚した。貞子は緊迫した世界情勢のなか、ロサンゼルスから単身日本にやってきた。

二人の結婚式は、昭和十五年五月、東京市谷の軍人会館で行われた。媒酌人は篠崎明達夫妻。桐生からは父の善次郎のほか義兄の岩崎英祐・市子、町田伝七・幾子、中村良平、野間定子、野間恒次、野間清三、野間品子、山田豊子、山田泰一が出席した。当時、母ヤスは心臓病を患い出席していない。

ロサンゼルスからは、赤星貞子ひとりである。そのかわり、朝鮮の京城にいる伯父の遠藤重太が出席した。

その後、寅雄と貞子は、大森の市野倉町（現在の池上）に借家して新婚生活をおくった。結婚した年の八月。寅雄は貞子を連れて満州へ渡る。いわば二人の新婚旅行でもあった。満州では、同じ月に剣道大会が開催された。アメリカからは寅雄の弟子や仲間たちが参加した。寅雄は一行を案内する役でもあった。

この大会に、寅雄は「森」の名で参加している。野間恒が死去して二年後のことである。参加した者たちには「ビッグスター・野間兄弟」の印象がまだ強く残っていた。とくに満州の剣道家たちの間では、寅雄の出場が注目された。つば競り合いの時だった。対戦相手は寅雄に何度も足がらみをしかけた。ところが寅雄は踏ん張って耐えている。そのうちに、今度は寅雄のほうから右足で相手の右足に内掛けを入れ、一瞬のうちに倒してしまった。

貞子は、その時の様子をこう語る。

「うちの主人は足首が強いんです。ですから、なかなか倒れないの。そのうちに主人が我慢できなくなって倒したんですね。その人が〝ヘルプ〟をしたから、主人は『失礼』と言ってね。

びっくりしました。それから急に場内が騒がしくなったんです。私の傍にいる人たちの間で『あれは野間じゃないか』『いや、森と書いてあるよ』『ちがう、オレは知っているぞ。あれは野間寅雄だよ。絶対に野間だ』『へえ、生きていたのか』……なんて言うのね。私が誰かも知らないわけでしょう。トラオだ、と言って、みんな大きな声を出すの」

このあと二人は大連に出て、日本に戻ってくる。

第9章 剣の絆

太平洋戦争開戦でカリフォルニアの剣道は消滅

昭和十六年、日米関係はいちだんと険悪になっていた。日米通商航海条約がアメリカ側から廃棄されると、日米両国は無条約状態になった。

この頃になると、寅雄の危惧、つまり日米関係の破局が現実となりつつあった。その兆しはすでに昭和十五年九月、日本が日独伊三国同盟条約に調印したことで濃厚となる。

十二月には日米間の誤解を解くため、海軍大将の野村吉三郎が新駐米大使となり、翌十六年一月二十三日、日本郵船の鎌倉丸で横浜を出航。二月十四日、ルーズベルト大統領をホワイトハウスに訪ねた。日米関係が破局を迎えるのは、すでに時間の問題だった。日米が戦うとなると、江戸太郎などアメリカにいる教え子や知人たちはどうなるのか。寅雄は心配になってきた。

『報知新聞』もこうした日米関係を報道しており、業務局にいる寅雄には、日米関係の行く末を予想することができた。アメリカでは、日系人たちが捕らえられ、どこか一ヵ所に集められるだろうと見られていた。そんなアメリカ事情を知る寅雄は、国力の違いを充分に知っていて、アメリカは、とても日本が戦って勝てる国ではないと戦争には反対だった。しかし十二月一日の御前会議では、米、英、オランダへの開戦が決定された。二日には、戦争に反対し続けたアメリカ通の山本五十六連合艦隊司令長官が、機動部隊に、「ニイタカヤマノボレ一二〇八」を発信した。日本時間の八日午前二時十五分、日本軍はマレー半島に上陸。三時十九分には、かつて寅雄が訪れたハワイの真珠湾を奇襲した。太平洋戦争の勃発であった。

剣道家にしてアメリカの国力をよく知る寅雄は、日米開戦に腹立たしさを覚えた。

「あまりにも無知だ。国力のなさを知らなすぎる！」

寅雄が心配したのは、ロサンゼルスの日系人やアメリカの友人、そして剣道家たちのことだった。太平洋戦争開戦と同時に、アメリカからの音信も途だえた。

久保田豊の『南加剣道史』は、剣道の存続をめぐるアメリカ司法省との交渉およびその頃のアメリカ西部の剣道界の状況をこう伝えている。

「一九四一年八月七日。山本弁護士より日米国交日増に険悪になりつつあるので緊急善後協議する。八月十七日、川福に於て臨時役員会開催。迎田、山本両氏より日米関係につき説明、並に司法当局に剣道の目的を報告しておく事等を協議。名称を南加剣道協会、事務所をロサンゼルスに置く。目的は剣道を通じて質実剛健なる市民の養成。

八月十八日。仲内支部長を久保田主事が訪問。十七日の協議事項を申告し時局対策上止むを得ずと承認を得、更に右記事項を大日本武徳会本部に報告して連絡を断たざるを得ない儀伝達するよう注意有り。更に仲内領事に総裁御令旨、支部旗保管依頼。午后二時、司法省ロス局にレグランド氏を訪問して本会の機構、目的を説明。更に近日開催の剣道大会に必ず参観する約束を得て辞去す。（略）」

ロス分局司法官吏レグランドは、約束どおり八月二十四日の二世州剣道大会に出席し、見学している。これで、仮りに戦争となっても、日本の剣道が理解され、また愛好家による「南加剣道協会」が存続し、現状どおり剣道ができるものと会員一同は確信していた。事実、十月十九日にはリトルトーキョーにある高野山ホールで南加剣道協会秋季大会も開催された。

こうした中で、昭和十六年十二月八日、駐米日本大使館は最後の希望を賭けて、アメリカ・メソジスト派教会の長老スタンレイ・ジョーンズ博士を通してルーズベルト大統領のメッセージを天皇陛下に届けて日米開戦を避ける計画を立てた。が、時差の関係で失敗に終わった。

この計画は、ルーズベルト大統領が、事態の緊迫化から駐日大使グルーに天皇宛ての親書を送ることを決めたものである。発信はワシントン時間の六日午後九時。日本時間の七日午前十時に当たる。もしもこの電信が正常に届けられれば、日本時間で七日正午頃にはグルー駐日大使の手元にあり、七日中に暗号は解読されて日本語になり、天皇宛の親書はさらにタイプで打たれて届くはずだった。

しかし、東京の逓信省外信課は参謀本部からの指令で、外国公館への電報配達を情報攪乱する意図から遅らせていた。とくに七日は十時間ほど延ばされた。このため、グルー大使のもとに暗号の電報が届くのは大幅に遅れた。暗号解読や親書のタイプも遅れた。グルー大使が外相官邸に東郷外相を訪れたときは、八日の午前零時を回っていた。東郷が宮中に参内したのは午前二時。ルーズベルト大統領からの、戦争回避の最後の賭けは時間切れに終わったのである。

親書が間にあっていれば、あるいは戦争は避けられたかも知れなかった。

こうした両国間のやりとりも知らず、ハワイ北方海上にある帝国海軍の航空母艦六隻からは、三百数機の攻撃機が飛びたち、ハワイの真珠湾に向かっていた――。

この昭和十六年十二月八日の太平洋戦争開戦と同時に、日米の運命は大きく変わる。アメリカの剣道界では、まず大日本武徳会北米南加支部が自然消滅。各道場および旧大日本武徳会関係者はことごとく調べられ、日本刀が没収された。

武道家に最も影響力のあった久保田豊は翌年二月に検挙され、ニューメキシコ州サンタフェの砂漠にある日本人収容所に幽閉された。彼もまた家族と引き裂かれた。彼が家族と会ったのは、その年の六月、同じサンタフェの収容所内でだった。しかし家族は八月、今度はもっと山奥のコロラド州の田舎町に移動させられる。全米の日系人約十二万人は全財産を没収され、ニューメキシコやコロラドの砂漠に収容された。ロサンゼルスの自宅に戻るのは終戦の年の九月まで待たねばならなかった。

その後、南加の剣道は完全に消滅した。日系人は剣道をやりたくても道具もない。何よりも生活するために働くことが先だった。ロスで剣道が復活するのは、一九五一年（昭和二十六年）、寅雄が戻ってきてからである。

柳田邦男著『マリコ』は、日系人女性寺崎マリコと母親、および日米開戦の回避に走り回った日本人外交官寺崎英成を描いたノンフィクション作品である。これは当時の日米を三年がかりで調査した大作だが、この中に、開戦間もないカリフォルニアの日系人がこう描かれている。

「二月に入って間もなく、カリフォルニア州の各地で、日系移民の大がかりな拘留が開始された。そのニュースはラジオや新聞で報じられたから、ホット・スプリングスの日本人抑留者たちの間にも、すぐに伝わった。拘留の理由は、アメリカ国内での破壊活動の未然防止にあるとのことだった。日本軍がパール・ハーバーと同じような形で、西海岸に奇襲攻撃をかけてきたとき、日系人がそれに呼応して行動を起こすおそれがあるというのである。さらにその記事は、拘留された日系人たちは戦場になることが予想される西海岸一帯から、はるか遠く離れた内陸の強制収容所に隔離される予定であると伝えていた。（中略）アメリカでもいまや反日感情が燃えさかろうとしている。カリフォルニアの日系人狩りは、その急先鋒のように見えた」

事実、予告なしにＦＢＩが日系人居住区を襲った。彼らがまっ先に狙ったのは武徳会であり、その構成員たちの家だった。中村藤吉、寅雄や高野佐三郎らが教えた剣道家たちは、すっ裸にされ、銃を突きつけられ、路上に突き出されている。

寅雄一家、桐生に疎開

森寅雄とその家族も、戦時中辛い日々を送っていた。天下無敵を誇った野間道場は昭和十九年に閉鎖され、寅雄たちは稽古の場を失った。また昭和二十年四月十五日、戦艦大和の撃沈から八日後、三百十一機のＢ29が東京・横浜・川崎を爆撃した。このとき・寅雄が住む大森の市野倉も爆撃された。近くに宮田自転車の工場があったが、米軍はここを狙って爆弾を投下したのである。幸い、寅雄の借家は無事だったが、隣家は全焼した。

「みんな、桐生へ疎開しよう。ここにいては危ない。死ぬわけにはいかない」

寅雄は家族たちを説得し、疎開する。そのさい、寅雄は煉炭や家具などを焼け出された隣家の人たちに全部差し上げた。疎開の模様を、森貞子はこう語った。

「ひどい目に会いました。ヤミでトラックを雇って大宮まで行ったんです。木炭のトラックはもうこれ以上行けないというんです。晙《あきら》がまだ一歳、恭子が三歳。主人は二人を抱えて、そこで馬車を頼んだの。途中まで行ったら、大変だから駅長さんに『妻は少し弱っているから汽車に乗せてくれ』と主人が頼んだのね。ところが、汽車に乗せられるのは家が焼けてどこかに行かなければならない人だけですと言われてね。ですけど、主人は少しお金でもあげたのでしょうか、駅長は私たちが小さい子供連れなので乗せてくれたんです」

四人が桐生に着き、新宿の本家にたどり着いた時、あまりのありさまと、また安堵感から、善次郎や親戚の者たちは思わず「ワッ！」と泣いて出迎えた。

桐生は織物の町だが、米軍の空襲は受けなかった。たった一回だけ、隣りの大田市にある中島飛行場を狙った米軍機が桐生駅前に立って空を眺めていた男を襲い、男は機銃掃射を浴びて即死しただけである。その事件以外、米軍の襲撃はない。

しかし隣りの大田市は猛爆撃を受け、夜空を焼きつくした。そして中島飛行場は穴だらけになった。

寅雄は桐生に疎開すると、中島飛行場の下請け仕事をしている。桐生の野間家には織物工作機があり、それを使って軍需工業の下請けで生活をしのいでいた。

しかし、日系二世でアメリカ国籍を持つ妻の貞子はここでも辛い思いをしている。それは二世である故の誤解からだった。彼女をスパイ呼ばわりする者もいた。寅雄もアメリカ通であることから、憲兵は寅雄から眼をはなさなかった。

貞子の場合は、食生活の変化もある。桐生にきてからは両親の家に居候する身であり、好きな食料品を買い込んで別々に食事するわけにもいかない。野間家は大家族主義だから、同じ屋根の下に住む者は同じ物を食べた。

初めのうちは耐えられた。しかし二人はコーヒーが飲めないことに困った。寅雄も貞子もコーヒーが好きで、朝起きると必ず一杯のコーヒーを飲んだ。桐生には、一杯のコーヒーもない。すべてお茶である。ひどく苛立つ生活がつづく。そんな状況でも寅雄は、毎朝木刀の素振りを欠かさなかった。これが唯一の気晴らしでもあった。まず朝起きると千回の素振りをやった。多いときは一日二千回やる。だから稽古では、相手の動きを読み切ったときにはすでに間合に入って、打突していた。

運命の日、八月十五日、日本は敗れた。

寅雄は、なぜか涙が出なかった。むしろ、無駄な戦さがやっと終わった安堵感を覚えた。

この大戦で、日本の剣道家たちの多くの者がばらばらに散った。昭和九年の天覧試合決勝で寅雄の従兄・恒に敗れた二刀流の名人藤本薫は、昭和十七年、インパール作戦の前線におり、ビルマの山奥でゲリラの襲撃に合い、左肩から胸部に弾が貫通して戦死した。

中学時代の寅雄を主将に起用した育ての親である大野操一郎（故人・範士九段）の場合は、東京が空襲されたあと、山陰からリュックを背負って上京した。仕事を見つけるための上京であったが、彼は東京に着いたとたん、焼け野原を見て驚き、立ちすくんだ。すでに寅雄たちは戦災に遭って桐生に疎開しており、すれ違いだった。

また、かつて野間道場で寅雄に剣道を教えたこともある斎村五郎は、毎日独りで竹刀を振っていた。彼も終戦間際の六月、三男武蔵を大阪の上空で失い、寂しい日々をすごしている。宮本武蔵からその名をとって名付けたのは、大正十二年七月二十九日。航空士官である三男武蔵はたった一人、B29の編隊に向かって機首を上げ、大阪上空で体当たりして散ったのである。

持田盛二も中山博道も高野佐三郎も、そして森寅雄も敗戦によるショックは大きかった。しかし、日本敗れたりといえども、剣の魂だけは捨てなかった。

終戦の日、国武館で独り稽古

天皇の玉音を桐生で聞いた寅雄は、複雑な気持ちだった。この世の中がどうなるのか、何も見えなかった。

その日、彼は「出かけてくる」と言っては新宿の自宅から北へ二キロ先にある国武館へ歩いていった。国武館は、講談社の野間清治や地元の有志が資金を出し合い、当時の金で二万円の大金を出して建てた剣道場である。京都の武徳殿をまねたこの道場は、桐生の剣道家たちの拠り所であり、心、技を鍛える場であった。

寅雄はいずれ米兵たちがこの道場にやってきて、閉鎖を命ずるか、または焼き払うことになるだろうと想像した。彼はひとり剣道衣に着換え、窓という窓を開け放ち、神殿に向かって静座した。蝉の鳴き声と、人のすすり泣く声だけが聞こえてきた。

長い間、静座のまま無念無想の世界に入った。するとたった今まで、中島飛行機の下請けをしていた理由から自分が裁かれるだろうという不安と怯えが、嘘のようにすっと消えた。

自宅から持ち出した刀を腰に挿すと、彼は立居合を行った。英信流の居合は、中山博道と増田真助に教わったものである。彼は息を殺し、刃すじを立て、静かに振った。

居合が終わると、独りで剣道形に入った。先に打太刀をやった。小太刀に対しても声を出し、しっかり斬り込んだ。そのあとで仕太刀に回り、一刀一刀、確実に返して斬り込んだ。

汗が全身から噴き出ていた。剣道衣がぐっしょりと濡れていた。

寅雄は、その汗を拭いもせずに神殿に向かって静座した。静寂が、熱風を運んできたかに思えた。不思議なことに、人の歩く足音すら聞こえない。

「どうにでもなれ！」

ふと、吉川英治の小説『宮本武蔵』の書き出しの部分を思い出した。関ケ原で敗れた武蔵の居直った心境が分かるような気がした。

夕方まで、道場内で過ごしたあと、剣道衣のまま外に出た。日本刀を右手に持ち、新宿の自宅へ引き揚げた。そして、歩きながら、またアメリカの友人たちのことを考えた。彼が剣を教えた日系人の若者たちは、前線で死んでしまったのだろうか。山奥の砂漠に幽閉されたロスの義父母や日系人たちはどうしているだろうか。終戦と同時にロスに戻れるだろうか……。

日米の通信が途絶えて情報が入らない今、寅雄には、信ずるものは剣しかなかった。彼は十六日の朝も、国武館に行った。そこで居合と剣道形に打ち込んだ。

日がたつにつれ、国武館には、復員した軍人たちも顔を出し、彼らも木刀を振った。しかし稽古のあとでは、やはり、これからの日本の行くえに話がいく。

「厚木、横須賀は米、英、豪、そしてロシアの軍隊が進駐するそうです。彼らは日本軍から、軍刀や銃器を全部取り上げるとの噂です」

「しかし、剣道の心までは奪えまい」

寅雄は、その男に言った。

「色々な情報が乱れ飛びましてな。アメリカ大統領は、日本を四つに割るという話です」

「四つに?」

「北海道をロシアに、九州を中国に、四国を英国に、本州をアメリカにと分断して進駐するとか」

「うむ」

「これから、どうなるんですかね」

「なあに。刀を取り上げられたら、ひたすら木刀を振ればいい。いずれ剣道もできなくなるだろう。ロスの武徳会は、刀剣類を没収されたそうだから、日本も近いうちにそうなる。大事なことは、いつも武士の魂を持つことだ。これさえあれば、世の中がどうひっくり返ろうが、ちっとも恐くない」

「森さんは、ずっとこちらにおられますか」

と、その男はすがるような声で言った。

「はい。ここから動きませんよ」

「それを聞いて安心しました」

「この日本がどうなるのか、じっくりと見届けてからです。じっとしておくことです」

二人は、そこで、声を出して剣道形を打った。

新宿に戻った寅雄は、東京がどう変わったか、行ってみたくなった。友人たちの家や、音羽の野間家はどうしているだろうか。講談社の社員や持田盛二、中山博道らの師匠たちや巣鴨の友人たちの消息が知りたかった。

桐生駅に問い合わせると、燃料がなく、当分汽車は動かないとのことである。唯一の情報源はラジオだった。

終戦直後は、剣道家たちにとって非常に辛い時期だった。

大日本武徳会の組織は昭和十六年に官制による設立となり、戦争完遂のためには国民の士気昂揚、民族力の増強が必要との理由から武道振興が打ち出された。これまで民間団体の手として運営されてきた大日本武徳会は、武道総合団体という政府の外郭機関で運営された。武道総合団体の会長は、総理大臣の東条英機である。しかし、この政策が、結果として終戦後、占領軍による剣道禁止を早めた。戦時中といえど、剣道が従来どおり民間で運営されていたら、占領軍に睨まれることもなく、また終戦直後も剣道がつづけられていたかもしれなかった。

マッカーサーが厚木基地に降りたのは昭和二十年八月三十日である。九月一日には東京の国民学校および中等学校の授業が始まるが、二日には、GHQが指令第一号といわれる軍需生産の禁止令を出した。「マッカーサーの二千日」の始まりだった。

九月二日、軍艦ミズーリ号の船上では、日米両国の全権が降伏文書に調印した。ここに日本は降伏した。九月八日には、米大使館に星条旗がのぼり、連合軍が東京に進駐する。十一日には、東条英機ら戦争犯罪人三十九名に逮捕令が出る。その日、東条は自決を図った。

ついにGHQの民間情報教育部は、十一月六日付で学校剣道禁止通達を出した。GHQは日本の戦力潰滅が目的だった。最後の潰滅作戦が剣道（武道）に対する弾圧であった。庄子宗光は『剣道百年』の中で、次のように記している。

「日本の文部省は、その間GHQとかけ合い、何とかして緩和した形で存続させようとし、総司令部民間情報教育部と折衝をつづけたのであるが、その努力は遂に水泡に帰して最悪の事態に追い込まれ、昭和二十年十一月六日付の文部次官通牒（発体八〇号）によって学校における剣道は全面的に禁止された」

この通牒により、剣道は正課の授業としても、正課外の校友会活動としても禁止される。さらに十二月二十六日付で、学校または付属施設においては学生、一般人を問わず武道は一切禁止になる。これは占領軍の頭越しの命令だった。「余りにも苛酷な措置であった」と庄子は書いている。

剣道禁止が解けるのは、柔道の昭和二十五年十月に遅れること二年、昭和二十七年十月であった。その間、日本の剣道家たちは、剣を取り上げられ、なすすべがなかった。

教え子の日系兵士ポール・水上との出会い

軍需産業の操業禁止で、桐生の織物業者たちも仕事を失った。生活のためにはまず働かなければならなかったが、何をやるにも、金になる仕事がなかった。東京から買い出しにくる者が跡をたたないでいたが、その点だけは、寅雄の蒙も桐生の野間家も、耕作する土地に恵まれていて何不自由しなかった。

その年の晩秋のことであった。

一台のジープが砂ぼこりをたてて、桐生の野間家の前で急停車した。たどたどしい日本語を使う二人の兵士が降りてきた。

寅雄は、米軍情報局の兵士だろうと覚悟した。桐生の野間家は軍需産業の下請けをしていたので、何かのペナルティを科せられるのは覚悟の上だった。

家の外が騒がしくなり、やがて従業員の一人が息をきらせながら家の中に駆け込んできた。

「寅雄さん、米兵が表に来ています！」

「分かった。今行く」

寅雄は、下駄をはいて土間を出て、玄関の方へ歩いた。うしろから妻の貞子が、

「私も行きます。あの声は、きっと日系の兵士たちよ。なつかしい声だわ」

と呼び止めた。

「だけど、日本は敗れたんだ。戦犯狩りをしているようだから、きっと何かのペナルティを言いにきたか、それとも、刀を没収しにきたのかも知れない」

貞子も急いで靴をはき、寅雄のうしろから走ってきた。

玄関に出ると、二人の日系人兵士と黒人兵士が立っていた。寅雄の姿に気付いた時である。

三人はいきなり両足をパッとそろえ、敬礼した。

「ワタシハ、ポール・ミズカミ（水上）デス。アナタハ、タイガー・モリさんデスカ？」

細い顔の日系兵士が、たどたどしい日本語で言った。

「そうだが」

「マチガイ、アリマセンカ？」

「ぼくが、森寅雄だ。何なりと、裁きを受けるつもりでいる」

すると、ポール・水上の緊張していた顔が、一瞬緩んだ。なつかしい人にやっと会えた時の顔である。彼はしばらくのあいだ無言のままだった。しかし眼は瞬いていた・

「ワタシタチ、ズーット、サガシテイマシタ。トーキョーノコウダンシャニモ、イキマシタ。ココヲ、オシエテモライマシタ」

「じゃ、東京から？」

「イイエ。オオタカラデス。オボエテイマスカ。ワタシ、アナタニ、ケンドウヲ、オシエテモラッタコト、アリマス」

「これは驚いた。ロサンゼルスで？　それともハワイ？」

「ロサンゼルス」

ポールは一瞬得意そうに語調を上げた。うれしそうだった。

「そうでしたか。ロサンゼルスで」

「ハイ」

寅雄は急に、ロサンゼルスがなつかしくなった。

「日本とアメリカが戦争をして、不幸なことになった。君たちは、ぼくを逮捕しにきたと思うが、ぼくは覚悟している」

すると、ポールは隣りにいる二世の兵士に安心していいと手を振り上げた。

「トンデモアリマセン。ナニカ、コマッタコトナイカ、トオモイマシタ。コマッタコトアリマシタラ、レンラクシテクダサイ。ワタシタチハ、オオタニイマス。ソチラハ、オクサンデスカ」

「家内はアメリカ人だが」

と寅雄は貞子を紹介した。

「ワタシ、シッテイマシタ。アカホシサンデシタネ。ニホンニイッタコト、シッテイマシタ。

ナツカシイデス」

ポール・水上は大戦中、コロラド砂漠のアマチ・キャンプにいた。貞子の妹、輝子とはクラスメートだった。両親は大変なクリスチャンで、戦後は駐留基地のスペシャルサービスにいた。

「ぼくの家族を紹介しよう。みんな中に入ってくれるかね」

寅雄は三人を家の中に案内した。

三人は、靴を脱ぎ、居間の畳の部屋でぎこちなく胡座《あぐら》をかいた。寅雄は、集まってきた親類の者を一人一人紹介した。貞子も寅雄も生き生きとしている。

貞子はポールにしきりにロサンゼルスにいる両親や知り合いのことを尋ねた。ポールは、ロスの日系人が財産を没収されコロラド砂漠のバラック小屋に収容されたことを詳しく説明した。

その時、貞子は自分の両親も収容されていたことを知らされる。

「ああ、なつかしい。まさか戦争でこうなるとは思わなかったわ。もう少しで、わたしたちはアメリカ軍の爆弾で死ぬところだったのよ」

「ワタシタチハ、アメリカジンダトイウアカシヲタテルタメ、ミンナヘイタイニナリマシタ。タクサン、シニマシタ。アイゼンハワーモ、ワタシタチガアメリカジンダト、ミトメルトイイマシタ」

「みんな、苦労したんだね。ほかの人たちはどうしているかな。ロサンゼルスに戻ってきたかね」

「タブン、カエッテイルトオモイマス」

「みんなと会いたいね」

「ケンドウ、オシエテイマスカ。モリサンガフェンシングノチャンピオンニナッタトキ、トテモ、ウレシカッタ、ニッケイジン、ミンナヨロコンダネ」

「ロス新報のみなさんは、どうしているかね」

「タブン、コロラドデス。シンブン、コレカラマタ、ツクルデショウ」

寅雄は、このときに、マッカーサーやＧＨＱの首脳部が日本に対して何をしようとしているのか、概要を知った。まず戦犯狩り、そしてＧＨＱによる憲法の制定、農地の解放、剣道の禁止などであった。

剣道の禁止は、やむをえないことだろうと思われた。日本刀はアメリカ人が最も恐れる武器だからである。しかし、竹刀による稽古の禁止までは理解できなかった。

ポールは「ヨクシラベテキマス」と約束した。

その後、ポール・水上は、何度となく太田からジープを飛ばして桐生の寅雄を訪ねてきた。そのたびに、缶詰類など米軍の食糧をジープの後部座席に山盛りにして運んで来るのだった。

野間家が終戦後も食糧にこと欠かなかったのは、ポールの援助もあった。女たちが冗談で欲しい物の名前を言うと、ポールは二、三日後には必ず届けてきた。

ポール・水上との遭遇は、寅雄には思いもしない救いとなった。ポールは仕事のない寅雄に、米軍相手のクラブ経営を勧めた。それは寅雄夫婦が英語を話せるからだった。ポールはもうひとつ、セールスポイントを伝えた。

「アナタノコト、マエバシニイルヘイタイナカマ、ミンナシッテイマス。アナタガ、クラブヲツクレバ、ミンナキマス」

寅雄はロサンゼルスにいた頃、クラブがどんな役目を持ち、経営上成り立つものか知っている。社交場では、いろいろと情報も飛び交う。アメリカを知ることもできる。

「そうだ。日本は変わっていくんだ――」

昭和二十五年まで、寅雄は群馬県太田市で米兵相手のクラブを経営しドルを稼いだが、そのアイデアはすべて教え子のポール・水上によるものだった。

第10章 新時代への胎動

剣道家、桐生に集まる

太平洋戦争敗戦の直後、日本人引き揚げ者の復員船第一号は、中部太平洋のメレヨン島から一六二八人を乗せた高砂丸だった。その後、南洋方面からの復員はつづき、昭和二十一年には満州や中国大陸からの復員船が帰ってきた。

日本の剣道家の中にも、南洋方面や大陸方面から復員した者が多い。

森寅雄の先輩で剣道範士の佐々木二朗の復員は、昭和二十一年の五月である。北京からの引き揚げだった。佐々木は石原莞爾の盟友として東亜連盟運動を中国で広めていた。

佐々木が東京に出てきてみると、妻子は妻の実家の赤城に疎開していた。佐々木の実家は岩手県だが、兄弟の中で上京したのは佐々木だけで、のちに巣鴨学園に入り、明治大学に入ってからも剣道の選手として名を上げた。佐々木は寅雄を明大に入れようと運動した一人である。剣道史家としても貴重な人物だ。

佐々木は引き揚げ後、とりあえず岩手の実家に帰ることにして上野から列車に乗り込んだ。佐々木が桐生にいる森寅雄のことを思い出したのは、小山駅から前橋に行く両毛線の太田駅でのことである。佐々木は実家に戻る途中、太田の妻子の所に寄っている。

駅前で、ふと一枚のポスターを見た佐々木は立ち止まった。

「あっ、トラオの兄さんだ！　トラオはどこにいったのかな」

佐々木は桐生の方を振り向いた。

ポスターの人物は確かに寅雄の実兄で、野間（旧姓岡田）善次郎の三男清三だった。昭和二十一年、戦後第一回の参議院議員選挙が行われた時、清三は群馬県から出馬していた。

清三はなかなかの野心家で、大正十五年講談社に勤め、調査部長のあと、昭和十五年に満州で大陸講談社を設立し、十八年に桐生に戻り、野間産業の社長に就任する。

一枚のポスターとの出会いを、佐々木は熱っぽく語った。

「私は北京から、二十一年の春、引き揚げたわけです。女房の実家は両毛線の赤城ですが、当時は太田と言っていた。その駅に降りると、壁に野間清三さんの選挙ポスターがあった。あっ、寅雄の兄さんだ、と。顔がそっくりだから。それで、のちに桐生に出て寅雄の消息を訪ねたんです。寅雄は息子さんたち三人と、一軒家にいました。その時でしたね、寅雄が私に、このころ日本人が嫌いになった、とポツリともらしたんです」

その理由は、終戦後間もなく、市長と群馬県知事の二人が桐生の寅雄の家を訪ねてきて、進駐軍に渡りをつけてくれと頼んだことによる。

桐生には英会話のできる者がいなかった。寅雄と妻の貞子は充分に話せるので、市長と知事は通訳をも依頼した。貞子はいとも簡単に引き受けたが、寅雄は市長と知事のへつらった態度が気に入らず、ひどく感情を傷つけられた。それまで寅雄たちは、二人がアメリカにいたという理由で隣人からも白い眼で見られてきたのである。それが、いまはどうだ。日本人の士魂など、もはやない。寅雄が佐々木にこぼしたのは、そのことだった。

のちに佐々木は、巣鴨学園出身の松岡良夫らと連絡をとり、桐生に呼び寄せた。彼らは久しぶりに寅雄と会い、巣鴨学園時代や、戦地での話に沸いた。終戦後の寅雄と桐生で会った剣道家はほかにもいるが、柴田重信（故人・教士八段）の場合は、劇的な出会いだった。

柴田は兵庫県出身である。昭和十三年、市谷にあった陸軍士官学校を卒業後、習志野の戦車第二連隊に見習士官として入っている。彼ら陸軍士官学校五十二期生たちは連隊の道場で、アメリカから帰国して間もない、当時実力日本一と言われた剣道家、森寅雄の胸を借りて打ち込んだ。

柴田は予科士官生の中でも強いほうだった。腕に自信があった。彼は我先にと寅雄にかかって行った。が、しこたま打たれた。

「まるで大木にぶつかっているようなものだった。面を打って、返し胴を打たれた。強いな、と思ったね。やはり名門森要蔵の剣筋が入っているな、と思いました」

陸軍の剣道には、掛かり稽古はない。いきなり互角試合である。それも、今日のような稽古ではないから、二段打ちなどない。最初から、真剣で打つように、一本打ちである。技も大きかった。

その後、寅雄は突然、満州へ渡った。柴田らは、短い期間に寅雄と稽古をともにし、別れている。

ところが戦後、柴田は偶然に寅雄と再会することになる。柴田も佐々木と同様、夫人が群馬出身である。それも桐生出身だった。

柴田が復員して妻の実家に移るのは昭和二十三年である。それまで柴田は、東京でヤミ屋同然の仕事で戦後のピンチをくぐり抜けていた。

そしてある時、彼は私服刑事につかまった。ところが担当刑事は、柴田が陸軍士官学校出で、戦車隊にいたことと剣道をやっていたことの二点に触れると、武士の情で無罪放免にした。

柴田は当時をこう語った。

「あまり話したくなかったのですが、生活のために苦労しましてね。担当刑事も剣道をやっていました。私が士官学校で剣道をやっていて、今もやりたいというと、何も言わずでしたね。まさに剣道のおかげでした。それで、本当に剣道をやらにゃいかんなと思い直したわけです」

昭和二十三年四月、終戦後東京での生活に別れを告げると、一家は夫人の実家がある桐生へ引き揚げた。夫人が桐生出身というのも、何かの縁だった。

桐生へ引き揚げて最初に訪ねたのが、桐生警察である。柴田は玄関に入ると、受付けの警官に訊ねた。

「ここで剣道がやれるところがあったら教えて欲しいのですが」

その警官は迷わずにこう答えた。

「剣道やってる所ならある、私らも時々教わりに行ってます」

「教わる？　どこですか」

「この先の、国武館ですだ」

柴田は、初めて桐生に国武館なる道場の存在を知った。

桐生の駅は北口が表玄関である。赤城山側に沿って織物の街がひらけている。赤城山寄りに街が生まれ、のちに両毛線が東西に伸びた。

桐生駅の表玄関を出て、商店街を右に一キロほど歩くと県道に出る。その県道を北に五百メートルほど歩くと、右手に京都の武徳殿によく似た建物がある。それが国武館だ。

終戦後の館長は山口講一で、柴田は稽古日を確認し、出直すことにした。防具は、東京で手に入れていた。

「行ってみると、防具をつけた森さんがいた。なつかしくて、しばらく習志野でのことを話しましてね。向こうも覚えていました。私はこの時の稽古で二、三本とった。防具をつけた森さんはガッチリしていて、大きく見えました。稽古の後、少し面を打ちますな、とか、少し元気よくかかってきますねと笑ってました。『あんた、戦車にいたんだって？』と訊ねますから、はい、そうです、と言いますと、またしばらく昔話がつづきましたね」

森寅雄との交流は、その後もつづいた。寅雄が戦後に帰国してからも、柴田は一九六〇年（昭和三十五年）ニューヨークへ行った帰りに、ロサンゼルスの寅雄宅を訪ねている。

「剣道禁止」ならば学生にフェンシングをコーチする

昭和二十年十二月に学校その他の施設での武道が禁止されると、ＧＨＱはいたるところに眼を光らせ、学生も一般人も公には剣道の稽古ができなくなった。さらに昭和二十四年五月の剣道禁止令が出ると、ほぼ剣道の将来は絶望的と思われた、しかし、昭和二十五年ごろには、剣道に限りない愛着を持つ同志の間で稽古を始めるものもいた。が、やはり状況は厳しかった。

警視庁の柴田万作範士や、羽賀準一、中野八十二、渡辺敏雄の三教士は、ある幼稚園でこっそりと稽古したところ、ジープで駆けつけた米軍の係官に剣道具の焼却を命じられている。

また剣道復活の功労者である笹森順造らは、外務省の寺崎英成の家を訪ねて、剣道の復活を頼み込んでいる。寺崎は日米開戦の回避に尽力した外交官だが、戦後は天皇陛下の耳となって通訳の任を果した。寺崎はマッカーサーからの信頼も厚かった。笹森らが、この寺崎に剣道の真意をＧＨＱ側に理解してもらうように頼んだのは、寺崎自身も剣道をたしなんでいたからである。しかし、ＧＨＱは剣道をスポーツ化し、撓《しない》競技に切りかえる方向で承認した。そこで昭和二十五年には「全日本しない競技連盟」が発足する。これは寺崎の「いずれ剣道が認められる」との前提のもとに生み出された、一時的な代案だと推測する。

競技は従来の四つ割りの竹刀を十六割りにした「袋竹刀」で互いに打ち合い、一定時間内に取得本数を争う。これらは、武道の概念とは違うスポーツだった。

東京はＧＨＱの膝元ということもあって、とくに剣道禁止後の取り締まりが厳しかった。そこで各大学ともやむなく剣道を捨て、そのかわりにフェンシングに転向するところもあった。

明治大学剣道部では、竹刀を一本一本バラし、まっすぐに伸ばして、フェンシングの剣に仕立てた。指導者は、森寅雄である。彼は桐生からサーブルなどフェンシングの道具一式を東京に持ち込むと、校舎の屋上で明大剣道部員に手ほどきしている。フェンシングの剣がゆきわたらないものは、バラした竹刀をグリップし、フルーレ、エペ、サーブルの三種目にわたって指導を受けた。

初めのうちは明治大学剣道部のみだったが、そのうちに、近くの中央大学や日本大学、慶応大学なども聞きつけてやってきた。

その中でも最も熱心だったのは、中央大学剣道部だった。元中大剣道部長で、国際剣道連盟事務総長もつとめた須郷智《すごうさとる》（故人）はその一人である。

須郷ら中大剣道部員は、明大屋上での寅雄の練習で、しっかりとメモをとるほどの熱心さだった。

かれら中大剣道部員の熱意には、ひとつのエピソードがある。それは、明大剣道部と違い、中大剣道部員たちは、練習のあとも残って教わったり、桐生の国武館を訪ねては合宿までしたことだ。

寅雄は、そこまで熱心な中大剣道部員に心うたれ、丁寧に教えた。フェンシング師範も引き

昭和24年、学生リーグ戦を控えて中央大学フェンシング部が合宿を行う。二列目中央に森寅雄。右端は、その後に全日本フェンシング選手権で三連覇をなしとげる須郷智

受ける。しかしそれが明大側の反発を買うことになった。

寅雄は、明大、中大の大学生を前にこう言って宥《なだ》めている。

「私は特別に中央大学の肩を持つわけでもなく、片寄った教え方もしていない。しかし、一生懸命に教わりにくる人に対し、知らぬ顔はできないんです」

このことがあってから、明大生たちも心を入れかえ、さらにフェンシングに打ち込むようになった。だが、中大生の熱心さは、それをはるかに上回るものがあった。

その後、中大出身の須郷は全日本チャンピオンに三回もなった。同じく中大の白井宗光は昭和二十六年、西ドイツのドルトムントで行われたユニバーシアードに出場している。

寅雄は、明治、中央に続き、早稲田、立教、慶応の学生にも関東学連コーチとして指導する。

「関東のフェンシング界は、森寅雄の指導を中心に普及発展し、大学リーグ戦、東西対抗戦、王座決定戦等を行い、今日の基盤を築いた。ちなみに、森氏は戦後間もなく再渡米し、ロサン

ゼルスのビバリーヒルズにフェンシングスクールを開設した」

フェンシング界の第一人者、山本耕司は『フェンシング』(講談社)の中でこう述べている。

また、慶応大学出身で、株式会社デサント顧問の佐野雅之は、

「森寅雄さんは、神的な存在だった。戦前教わった者ではぼくくらいかな、残っているのは」

と森寅雄に教わったことを自慢する。

戦後の日本フェンシング協会の設立は、昭和二十二年八月である。二十四年十二月にはいち早く体協に加盟した。剣道が中止され、かつての学生剣道の一部がフェンシングに転向したことから、戦後第一期のフェンシング黄金期を築くことになるとは、なんとも皮肉なものである。

しかし寅雄にしてみれば、どちらも武士道に変わりはない。剣道が中止されても、フェンシングで見返してやれる、という自信があった。

昭和二十一年頃、寅雄は米軍から単車を払い下げてもらい、桐生から東京に出てきていた。桐生から東京の明大までくるとなると、少なくとも四時間はかかるが、当時のアメリカ製は、かなり性能がよかった。秋から冬にかけては、皮ジャンパーを着てゴーグルをかけ、時には時速百五十キロの猛スピードで単車を駆り、三時間ほどで着いた。

昭和二十二年頃になると、寅雄の事業、つまりポール・水上のアイデアによる米軍相手のクラブ経営は軌道に乗ってきた。寅雄は米兵たちからせっせとドルを稼いだ。いずれアメリカに戻ることになるため、ドル紙幣を貯金している。

儲けると、今度は黒のアメ車・ビュイックを買った。ボディのしっかりした車である。寅雄

は車が好きだった。かつて戦車を操縦していた寅雄にしてみれば、単車やアメ車などはただのオモチャにすぎなかったかも知れない。

こうして寅雄は、週一回の割りで愛車をとばして東京に出てきては学生たちにフェンシングを教えた。しかし地元の桐生では、フェンシングは庭先でやる程度で、寅雄は禁止されていた剣道を国武館でつづけた。これは、寅雄がアメリカを知る一人でもあり、太田市の進駐軍の間でも公然の事実として認められていたようである。

東京でフェンシングを教えた夜は、姉市子の嫁ぎ先である岩崎家に泊ったが、音羽にも小石川にも、ついに顔は出さなかった。

すでに戦後、桐生の野間家と講談社とは疎遠になっていた。血のつながりがないうえ、桐生出身の社員たちも戦死したり退社したりして、顔見知りといえば、かつての野間道場関係者だけである。が、道場は閉鎖され、剣道をやる者もいない。

それでも時々米をかついでは、寅雄は増田真助や持田盛二の家を訪ねている。

この頃の持田は、昭和二十年に野間道場が閉鎖されると、警視庁からの手当てのみで細々と生活していた。しかし、二十四年五月に持田は完全に失業した。警視庁の道場は、剣道にかわってボクシング道場となってしまった。

寅雄はまた、師の持田を旅費代付きで桐生の国武館に招待している。食糧難の折りではあったが、クラブ経営に成功した彼は、この時とばかりに全身全霊、持田に尽くした。

国武館での稽古は、桐生の剣道家たちを喜ばせた。剣聖持田の姿を一目見ようと、警察官、教師など、遠くは高崎からも愛好者がやってきた。彼らは早くから並び、持田に稽古を願った。持田が東京に帰るさい、寅雄は米軍から買って間もないビュイックで桐生の自宅から駅に送った。その時も、米三俵を師匠に持たせている。

この持田盛二という人物は、いかなる弟子からも金銭を受けとらなかった。盆暮れの届け物も頑《かたく》なに断った。が、戦後の厳しい状況下で、ただひとつだけ受けとる物があった。それは生きるための米と味噌だった。桐生の寅雄には食糧難の折りでも、米や味噌はいくらでも手に入ったので、いともたやすい奉仕であった。そして彼は桐生にいる間、東京に出るたびに音羽の借家に住む持田の家を訪ね、米を届けている。

昭和二十三年頃、寅雄は三百坪の土地に自分で設計した家を建てた。アメリカ式の芝生のあるモダンな家で、門を入った奥に、二台の車が駐車できる小屋も作った。寅雄がこの家に住んだのは昭和二十三年からアメリカへ帰国する二十五年までの、わずか三年間だった。

寅雄の剣友利岡和人、満州から帰る

巣鴨中学で寅雄と同級生だった利岡和人は、昭和二十一年に戦地から引き揚げてきた。利岡は明大を卒業後、昭和十四年に満州に渡っている。

満州拓殖公社は、満州での農業開発の指導機関でもあったが、アジヨという所に出張所をつくった。総裁は斎藤弥平太で、利岡は斎藤の秘書官を終戦までつづけている。

利岡が秘書官に起用されたのは管理能力もさることながら、剣の腕が立ったからでもある。

満州では、いついかなる事態となるかも知れず、身の危険がある。利岡は、斎藤のボディガードでもあった。

寅雄に引き立てられて剣の道に入った利岡は、もともと陸上の選手だった。机を並べたばかりに二年の時、寅雄にひかれて巣鴨中学剣道部に入っている。積極的で、何でもやるタイプだった。

余談になるが、利岡家の先祖は高知の在である。

利岡の祖父行一は文部省の官吏だったが、父中和は変転の人生を歩んでいる。中学四年の時、実兄の入信がきっかけで日本聖公会で洗礼を受け、卒業後は郷里の高知県高岡郡上ノ加江（現在の中土佐町）に帰り、一時代用教員をしていた。

ここでしばらくの間、中和は教員をし、のちに義兄や実兄の薬局店を手伝っているうちに、陸軍経理学校を志願して合格。明治四十一年十二月に歩兵四十三連隊に入隊し、四十二年九月には東京牛込河田町の陸軍経理学校に入学した。大正元年に高知県高岡郡弘岡村の窪内雅治《まさじ》と結婚。のち軍務につき、三年には青島攻囲戦に参加し、二十六歳で中尉に昇進している。

大正七年には東大経済学部へ陸軍委託学生として派遣されるが、三年の時、つまり昭和七年に陸軍内の諸問題から退官を決める。

その後、九年に土佐藩閥の三菱本社に入社し、中和は民間人となるが、間もなく退社し、大正十一年に東京丸ノ内ビル地下に「利岡しる粉店」を開店した。この経営のかたわら、機関紙『コルネリオ通信』を発行しつづけ、キリスト教の伝道者として全国を旅している。

昭和四十七年発行の『利岡中和遺稿集』は、発行人が息子の利岡和人である。この中には、軍務時代の将校と軍医との対立から、利岡中和が軍を離れてキリスト教の伝道に入った動機が記されている。

利岡和人の満州からの引き揚げは昭和二十一年十月だった。妻子のほうが早く、同じ年の六月である。利岡も、引き揚げる時は苦労した。八路軍に捕えられ、のちに北朝鮮経由でやっと日本に帰り着いたのである。彼はまた、最後の引き揚げ者の世話をしたあとに帰っている。このために自分の引き揚げが遅くなった。

日本に帰ってからは東京都経済局の事務官となり、農地改革による土地収用業務につくが、二十三年三月に退官している。

昭和二十三年の東京は、一月二十六日に帝国銀行推名町支店で毒殺事件が起き、市民を恐怖のドン底に落とし入れた。そして二月には、片山内閣が総辞職した。六月十九日には、大宰治が玉川上水で自殺するという暗いニュースも流れた。

しかし明るい話題もあった。大戦中から細々と研究されていたペニシリンが二月七日、大量生産に成功した。またGHQは二月八日、紀元節の国旗掲揚を許可したのにつづき、祝祭日の日章旗の掲揚をも許可した。

三月には、第一回のど自慢全国コンクールが神田の共立講堂で開催された。また美空ひばりが横浜国際劇場のステージで前座として出演、観衆を沸かせた。

利岡和人が父中和の資金をもとに板橋区の借地にシモン毛皮革株式会社を設立したのは昭和

二十三年の三月、東京都経済局を退官したあとのことである。利岡は土地の借用から工場作り、金策に没頭しており、一万枚のウサギ毛皮の注文からスタートした。軍人上がりの人間だけの初仕事だったが、意外に好評で、また納期も正確だった。「しかし全員不眠不休の毎日だった」と『シモン四十年のあゆみ』には書かれている。

利岡和人の苦労はつづいた。土地を借りていた大蔵省関東財務局から立退きを命じられ、工場を移転しなければならず、また板橋区清水町の移転先の工場では、高価な銀ギツネの毛皮盗難事件が発生、社長の利岡は体を休める暇もなかった。

寅雄は利岡が毛皮のなめし工場をつくったと聞いて、昭和二十三年に上京したさいに会っている。利岡は剣道どころではなかったが、それでも毎朝木刀の素振りをつづけ、また二十六年頃から明大剣道部にも顔を出している。

戦後、明大剣道部が再開されるのは昭和二十六年の夏である。元監督峯重新二郎と北川太七の間で、大学に剣道部をつくろうと話し合ったのがきっかけだった。北川と峯重は二十六年の卒業だが、明大剣道復活の様子を『ああ懐かしき剣道部』の中でこう記している。

「その頃は、敗戦国の無力感が国中に漂い、ひたすら国民は生きる術を求めてその日暮しの生活に追われていました。このような世相の中で、学生剣道愛好の士達は、放課後町道場に通ったり、大学の施設を転々として黙々と稽古に励んでいました。剣道具を担いだ姿に注がれた人々の白眼視、地下道場における練習許可をもらった時の皆の喜び、有志四十数名が結集して、撓競《しない》技同好会を組織した時の充実感、防具の不足や経済面の苦しさを克服しながら、ともに勉学に稽古に切磋琢磨して励んだ友の姿。何時の日か近き将来花咲くであろうときを待望しつつ、逆境の中で若人の情熱を燃した」

その年の暮れ、明大の食堂で第一回目の会合を開いている。佐々木二朗、利岡和人、初谷利平らが参加した。その場で、利岡は監督に選ばれた。利岡の監督は二十一年間に及ぶ。明大監督の中ではラグビーの北島忠治、野球の島岡吉郎に次ぐキャリアを持つ。明大剣道部が復活して間もなくすると、中山博道が稽古指導にくるようになった。

明大の場合、二十六年から撓競技とは名ばかりで、実際には剣道具をつけ秘かに剣道をやっていた。しかし多忙な利岡は、月に三回ほどしか顔を出せなかった。

寅雄、アメリカへ帰る

桐生での森寅雄一家四人の生活は、やがてポール・水上からの連絡で、終止符がうたれることになった。それは、日本がアメリカと講和条約を結ぶだろうという噂が流れたからである。

ポールはたびたび桐生に来て寅雄の家族と会っている。クラブにも顔を出した。そしてある日、ポールは寅雄に、GHQ内でささやかれている情報を知らせた。

「ジツハ、ニチベイコウワジョウヤクガ、ムスバレルキウンガタカマッテキマシタ。ソウナルト、アメリカコクセキノヒトハ、イマノウチニアメリカニカエラナイト、テツヅキガムズカシクナリマス。モリセンセイタチモ、ロスニモドラレタホウガイイトオモイマスガ……」

寅雄も妻の貞子も初耳だったので、これには慌てた。

「それなら、貞子と子供二人を先に帰した方がいいだろうな」

「センセイハ、ドウナサイマスカ？」

「ぼくは、クラブ経営やいろいろなことを整理しなければいけない。誰かクラブの買い手がいれば譲ろうと思う」

「ワタシノホウデ、ミツケマスケド。デモ、ハヤイウチニ、キコクノテツヅキヲトラナイトイケマセンネ。オクサンガ、アメリカコクセキヲモッテイマスカラ、アメリカノヒコーキデカエレマス」

「そうか、船でなくて、飛行機か」

「ハイ」

「何日でいけるの？」

かたわらで貞子が訊ねると、ポール・水上は人差し指を一本立てて笑った。

「たったの一日で？」

寅雄はポールに念を押した、

「トチューデアラスカニヨリ、ソコデタップリキューユヲシマス。ソノアトデ、ロスへ」

「夢みたいだな。しかし高いだろうな」

「ソリャ、タカイデスヨ」

寅雄は、自分の手で建てた家と車はそのまま残していくつもりでいた。クラブで儲けた金や剣道の防具類も、あるだけ全部持ち帰り、アメリカで剣道を普及させたい考えを持っていた。

クラブでは、タイガー・モリは来場者の米兵たちの間で大スターだったし、米兵とは仲良く喋り、フェンシングの話に興じた。アメリカ人というのは、特定のライセンスを持つ者やチャンピオンと名のつく者に対しては最高の敬意をもって接する。そんな中で、寅雄は居心地の良さを覚えていた。

しかし、いずれアメリカへ戻らなければならない日がくるのは分かっている。

ポール・水上からの連絡で、寅雄は妻子を先に帰国させる準備をした。東京に出向いて、ポールに教えられたとおり、有楽町のノースウェスト航空を訪ねて、ロサンゼルス行きのチケット三枚を買った。

「一日で帰れるのか――」

チケットを手にした寅雄は感慨無量だった。かつて彼がアメリカへ渡った時は四十日もかかった。毎日が船上生活だった。今では、時差の関係があるとはいえ、たったの一日である。

「ロスへ戻ったら、剣道を広めよう。そして強い剣道家を育て上げ、日本に連れてくる。江戸たちも、みんな喜ぶぞ」

一番喜んだのは長女の恭子とその弟の畯だった。アメリカを知らないこの二人は、赤星家の祖父母に会えることや、アメリカでおいしいケーキがたっぷり食べられると聞くと、心はそこにあった。

妻子がノースウェスト機で帰国するのは昭和二十三年の九月である。桐生を発ち、東京の岩崎市子の家でひと晩泊った。そこから、寅雄の車で羽田空港へ行く。

寅雄のアメリカ行きは、翌年の二十四年の夏である。その間、クラブ経営を譲り、十人分の竹刀や剣道衣、防具を買い込んでいる。そして、自分の防具以外を先にアメリカの赤星家に船便で送った。

桐生の国武館には、帰国間ぎわまで稽古に出かけている。その頃の寅雄は、よく左右の面を切っていた。豪剣ではなく、柔らかい剣さばきだった。

相手が打ち込むと、寅雄は左右から切り返して決める。相手には攻めようがなかった。帰国寸前に寅雄と互角稽古をした柴田の印象では、

「強さの中に柔らかさがあった。同時に柔らかさの中に強さがあった。理想的な剣道でした。それに、無理をせず、じつに品があった。羽賀準一さんなどの剣よりも香りがあった」

最後の稽古のあとは桐生の剣友たちと酒をくみかわした。アメリカ、そして全世界に剣道を広め、日本で世界剣道大会を開催したいという構想も打ち明けている。

昭和二十四年夏。森寅雄は、クラブを譲渡すると、先に荷物を船便で送った。その後、汽車で東京に出た。

東京では、岩崎市子の家に泊った。その間、持田盛二、中山博道、増田真助を訪ねて挨拶した。板橋の利岡の工場にも顔を出した。

「そのうちに、アメリカに来いよ。近いうちに、日米講和条約が結ばれ、日本が独立する日が近いぞ。必ずこの日本は立ち直るから、頑張れよ。そのうちに大手を振って歩ける日がくる」

そう言って、寅雄はアメリカへ発った。

第11章
日米剣道の架け橋

敗戦国の日本人、アメリカに勝つ

第二次大戦で、アメリカは二十九万六千人の若者と在外資産をなくした。しかしその代償として、大国としての名声を勝ちとった。ヨーロッパの力が衰退し、かわってアメリカは激しいテンポで興隆した。アメリカは世界の中でとび抜けて大きくなり、力をつけたのである。戦後しばらくして、アメリカは全世界に空軍基地を蜘蛛の巣のように張りめぐらし、もはやこの国に挑戦できる国はどこにもなかった。アメリカは世界の王者であり、世界のパトロール隊でもあった。

森寅雄は一九四九年（昭和二十四年）の夏、ロスに着いた。この頃のロサンゼルスの剣道界は、防具も何もなく、誰ひとり剣道をやる者はいなかった。日系人は戦時中から生活に疲弊しており、明日の生活の糧に追われていた。またリトルトーキョーなどの日系人街をはじめ西海岸にいる日系人たちは、敗戦で劣等民族の汚名をきせられ、肩身の狭い毎日を過ごしている。

二世たちの間では、一世の両親を見くびる者さえいた。若者たちの間では『ロス新報』などの日本語新聞を読む者は減り、英字新聞一辺倒になる。ここでは敗戦国の日本と同様、もはや両親たちが誇りとした日本武道も精神文化も、砂上の楼閣にすぎなかった。日系人たちの心はすさみ、頼るすべもなく、じつに寂しいものだった。

寅雄のアメリカ帰国は、そうした日系人たちに小さな光を与えた。かつて寅雄に教わった尾波清や江戸太郎ら日系人たちは、寅雄の妻・貞子と二人の子供がロサンゼルスの実家に帰ると、寅雄の消息を聞きにきている。

森寅雄は妻子を見送った翌年に日本を発ったが、ロスに着いたものの、寅雄には生計の道がなかった。剣道の道具は持ってきたが、ロスの日系人社会では、生活に追われて剣道どころではない。日系人の多くはガーディナ市に住んでいた。ハリウッドから近く、映画産業界はこのガーディナにも及んだ。そこで寅雄が目をつけたのは、フェンシング道場の建設だった。

帰国早々、寅雄はかつて自分が練習に励んだＬＡＡＣ道場や南加大を訪れた。この二ヵ所では、フェンシングがつづけられていた。が、師匠のユーテン・ホーフはロスを離れていて会えなかった。ここでも時代は変わっていた。ハリウッドの映画俳優の中にはステイタスに惹かれて練習にきている者がいた。女性剣士もいる。寅雄は、アメリカにきて再びフェンシングをやるつもりはなかったので、道具は全部日本の愛好者に寄付してしまった。まさか、ロスでこんなにフェンシングが盛んだとは予想もしていない。

道場で練習する人々のなかには戦前からの古い剣士もいて、すぐに寅雄に気付いた。噂が噂を呼んだ。祖国は負けたが、タイガー・モリはヒーローとして迎えられた。

「あれはタイガー・モリだ！」

「チャンピオンのタイガーか」

「もうフェンシングはやらないのだろうか」

何人かが本人に質問した。そのたびに寅雄は答えた。

「日本から帰ったばかりで、とてもその気にはなれない。いずれまた……」

「来年、フェンシング大会がロスで行われるんだ。シニアの部で出場するつもりはないか」

「さあ、長いことやってなかったし……。みんなに負けるだけだと思う。それでよかったら出てもいいが」

寅雄は、フェンシングをやっていることを隠した。

翌年の一九五一年、太平洋沿岸地区のフェンシング大会がロスで開催された。アメリカ西部の大会である。寅雄はこの時すでに三十八歳、選手の中では年輩グループに入っていた。しかし、彼はサーブルの部に出て、いとも簡単に全戦全勝した。サッサッと間をつめ、あるいは相手を近間に引き寄せてグッと突くあの剣さばきは健在だった。

力道山よりも早く、敗戦国の日本人がアメリカに勝ったのである。ロスの日系紙『ロス新報』は、優勝した森寅雄を自宅に訪問して取材し、寅雄の優勝コメントを次のように報じている。

「九人で戦いましたが、初めての全勝優勝は予想もしなかった。幸い、きれいに勝つことが出来て嬉しい。米国では最近フェンシングが盛んになっていますね。新しい選手が増えています。強くなりましたね」

のちに森寅雄の養子となる弟子の大川平三郎は、オリンピックの日本代表になるが、彼は養父・寅雄の剣さばきをこう語っている。

「ローマオリンピックのときでしたか、私たちは試合前に練習しますよね。そのとき義父はどこかの国の選手とサーブルをやってました。すごく軽い動きをしていましたよ。足が強いので動きが軽いんです。間合は近い方でしたね。すごく防御に自信があるんですね。だから相手を間近に引き寄せておいて、パッといく。すごかったですね。私ら日本選手たちは、惚れぼれとした眼で見ていたもんです。義父の存在はじつに心強かった」

貞子は、沿岸地区大会での夫の試合を見ている。フェンシングを長いことやっていないのに、という印象はやはり同じで、貞子はそのすばやい剣先の動きを何度も見失ったが、気がついてみると、夫はカスリ傷ひとつない勝利をおさめていた。

この大会の模様を『ロス新報』が全米中に報道した。これは、敗戦国の日本人がアメリカ人に打ち勝った最初の試合だった。ボストンマラソンの田中茂樹（昭和二十六年四月）、ボクシングの白井義男（昭和二十七年五月）の優勝よりも早く、戦後の第一号だった。

〝無敵のアメリカ〟を破ったのは、剣道教士七段のタイガー・モリだった。このニュースが全米に流れると、日頃アメリカ人に遠慮しながら小さく生きていた日系人たちは、新聞をむさぼるようにして読み、涙ぐんだ。

敗戦から五年後、タイガー・モリは、日系人たちの心の救い主となる。

弟子のゴードン・ワーナーとの再会

森寅雄の帰国をきっかけにして、一九五〇年の暮れ、九州出身の日系人だけがロスのアリシヤパークに集まり、剣道を復活させようと話し合った。それから間もなく、ロス郊外のトーレンス道場に剣士たちが集まった。これが戦後のアメリカ剣道の復活である。

この稽古には、昭和十二年に森寅雄から手ほどきを受けた六フィートあまり（およそ百九十センチ）の大男ゴードン・ワーナーも参加している。ワーナーはのちに笹森順造に「和名悟道」と和名を宛ててもらうなど、日本人びいきのアメリカ人である。彼はこの時の初稽古をこう語っている。

「トーレンス道場が戦後のアメリカ剣道のスタートだった。ここには森さんもきていた。私は久ぶりに森さんに会って教わった。私の左足がないのを見て、森さんはちょっと考えたふうだった、しかし左足がないからといって甘く見ない、と言われた。とにかく構えが強力でないといけない。倒されてしまう。隙を見せず、基本にそって堂々と構えろ、今後も同等に扱うと言われた。もちろん、その時の稽古は義足をはめてやったがうまくバランスがとれず、不安定だった」

この時の寅雄の言葉が、その後のゴードン・ワーナーの生き方を変えた。

彼はブーゲンビル島の日米戦で日本兵に撃たれて左足を失い、人生を捨ててしまいたいほど苦しんでいた。敬虔なクリスチャンだが、しかしキリストは彼を救ってはくれなかった。そこで彼は、剣によって己れに克つ道を歩もうと決心した。戦後、寅雄に会えたことが、何よりの幸運だった。

間もなくロスの中国人がスポンサーになって出版した雑誌『ブラックベルト』（黒帯）の創刊号に、ワーナーは森寅雄との出会いや、日本武道がいかに自分の人生を救ったかなどを書いた。そのタイトルは「Tiger in the Forest」（森の中の虎）だった。

ゴードン・ワーナーは一九一二年十月二十四日、ロサンゼルスに生まれた。幼い頃に父親を失い、漁港でアルバイトをしながら高校生活を送った。高校卒業後、一九三六年に南加（カリフォルニア）大学に入る。スポーツは水泳をやった。四百メートル平泳ぎで一時世界記録を持つほどで、オリンピック大会出場権をかけて猛練習したこともある。しかし僅差でアメリカ代表にはなれなかった。

アメリカ人剣士のなかでも大の日本通として知られるゴードン・ワーナー。ロングビーチ大学でミス・ユニバースとともに。

剣道に興味を持ったきっかけは、高校時代、日系二世の小野某という友人に誘われ、映画「里見八犬伝」を見たことだった。しかしこの映画は単なるチャンバラで、さほど影響は受けていない。印象的だったのは、その後に見た「宮本武蔵」だった。

ワーナーはこう語る。

「あれは一九二九年のことだった。どう違うかというと、武蔵は精神的な戦いや刀の使い方がまるっきり違う。なんというか、相手と立ち向かう時の気迫が伝わり、身ぶるいさえした。あこれだ！　と私は自分が求めていたものに気づいた。これをやりたい、と決めた」

当時ワーナーはロングビーチの漁港でアルバイトをしていたが、剣道のことを仲間に相談すると、ウィルミントンに道場があることが分かった、さっそくその道場に行って防具を借りてみた。が、グローブのような大きなワーナーの手は、甲手に入らないので困ったという。

当時、南カリフォルニアには三十四の道場があった。「剣道家は千人」と『南加剣道史』に記されている。しかし、ほとんどが日系人で、アメリカ人はワーナーが最初だった。ワーナーは一九二九年に生まれてはじめて竹刀を手にしたのである。

ワーナーはその後南加大に入り、オリンピック選手を目ざすため、一時剣道から遠のいた。彼が本格的に剣道に打ち込むのは、一九三七年からである。

ワーナーは大学卒業後ロサンゼルス・アスレチッククラブで水泳のアシスタントコーチをしていた。それでも剣道がやりたい気持は変わらず、当時南加剣道連盟主事の久保田豊五段に相談している。久保田は得意顔で森寅雄を紹介した。

寅雄のことを、ＬＡＡＣ道場と南加大でフェンシングを練習している留学生としか思っていなかったワーナーは、

「ちがいます。森さんがやっているのはフェンシングです。私は剣道を教わりたいのです」

と言ってしまった。すると久保田はにこにこして、

「じつはこの人は剣道の達人です。日本一の名人ですよ」

と言ったあと、今度はじっと寅雄を睨んだ。

「この人が？」

ワーナーは、驚きの声を上げた。寅雄があまりに若すぎたからだった。

「忘れもしません。一九三七年の夏でした。場所はリトルトーキョーのミヤコホテルです。はじめて森寅雄さんを紹介されました」

ワーナーが寅雄に弟子入りするのはこの時からである。のちに彼は、日本で剣道を学ぶため野間道場に行きたいと相談する。寅雄は叔父の野間清治、増田真助、持田盛二あての紹介状を書いて渡した。この三人と森寅雄がどれほど偉大な人物かを思い知らされるのは、日本に向かう日本郵船の船に乗ってからのことだった。彼は船内で知り合った外務省の稲垣某や堀公一領事にその紹介状を見せた。

「すると、堀さんも稲垣さんも感心して、私を一等船室の食堂に連れて行ってくれた。それからずっと、私は一等船室の食堂で御馳走になった」

この時、ワーナーの持金はたった九十ドル。貧乏旅行だった。それまで船室は船底にあるゴ

ロ寝の三等室。寅雄の紹介状がこんな威力をもっているとは思ってもいなかった。それ以後、堀公一らの口聞きで一等室に上がることが許され、食事にも招かれたのである。

ようやく日本にたどり着いたワーナーは、野間道場で持田や増田から猛特訓を受け、みるみる上達した。そして一九三八年（昭和十三）三月、東京で大日本武徳会の初段を取得する。アメリカ人としては、これが最初の段位取得だった。それは映画館のニュースでも取り上げられ、日本中に広まった。しかし、そのことで日本の軍部から「アメリカのスパイ」と疑いをかけられることになる。そこで彼は稲垣の勧告により横浜でスウェーデンのヨットに乗せてもらい、ホノルルへ逃げのびた。

日本での滞在は数ヵ月だったが、ワーナーは寅雄への報告を楽しみにしていた。が、その頃寅雄は日本に帰らなければならず、行き違いとなってしまう。

それればかりか、日本びいきのワーナーには、愛する国を敵に回さなければならない皮肉な運命が待っていた。太平洋戦争が勃発し、ワーナーは海兵隊に入隊、小隊長として日本軍と戦うことになったのである。

真珠湾攻撃が始まった直後のことだった。彼はアメリカにいる日本人たちのことが心配になり、とりあえずサンディエゴからロスの久保田豊のもとへジープを飛ばした。が、久保田に会うことはできなかった。日本人はすでにコロラドの砂漠にある強制収容所に送られていたあとだった。

ワーナーの隊はその翌日、輸送船でソロモン群島へ移動させられた。そして一九四四年（昭和十九年）二月、ブーゲンビルの激戦で、ワーナーは日本兵に左足を撃ち抜かれた。その左足はやがて腐り、やむなく膝上十センチのところで切断するしか方法はなかった。その後、彼は本国に送還される。

退役後、ワーナーは名誉ある「ネーヴィ・クロス」の勲章を授かり、傷ついた退役軍人たちのカウンセラーとなった。その中には、南フランスで難攻不落のプルニエ戦線を突破して友軍を救った、あの日系人たちの四四二部隊の者もいた。そこでは再び森寅雄と剣道の話に花が咲き、互いに励まし合った。

戦後、ワーナーは東京の持田盛二や増田真助と連絡をとり、食糧を送ったりもした。

増田の手紙からは当時の日本の食糧事情が伝えられ「もっと送ってほしい」と述べられていた。日本人剣士の気位を知るワーナーにとっては、意外なひとことだったが、やがてワーナーにも分かった。

「そうか、自分のことよりも、家族や周囲の人のためなのか」

その後、彼は森寅雄と劇的な再会を迎える。さらにカリフォルニア州立大学バークレー校に入学して教育学博士号を取得。数度来日して日本人女性と結婚し、民政局長として沖縄に移り住んだ。

寅雄、証券会社に入る

一九五〇年から五五年（昭和二十五～三十年）の間、ロサンゼルスにおける日系人企業の様子を述べたものに『南加州日本人史』がある。南加日系人商業会議所が一九五七年に発行したものので、これを読むと、当時の日系人たちが地を這いつくような苦しみの中から立ち上がった姿が想像できる。

加州東京銀行の日系人預金口座は三七〇二口で、そのうち不動産貸出しが一七〇口もあった。日系人の間で土地の買収が進んでいたのは、おもに日系人の自作のための農地の取得が目的だったようだ。日本とアメリカとの貿易が盛んになるにつれ、ロスは貿易の主要な拠点となり、日本国内の企業はロスに商社員や駐在員を派遣し始める。

金融界の進出はロスにある日系人企業の活躍ぶりを裏づけるものだった。加州東京銀行は一九五四年五月、日系人企業本拠地であるガーディナ市に支店を出した。このガーディナ支店進出はまた、日系二世たちの就業の場にもなる。

銀行の進出もさることながら、証券投資熱も盛んになった。戦後、日系人の投資第一号は谷無声で、ロス東二番街とサンピードロ街に山一証券代理店の看板を出した。これは時期尚早のため失敗するが、一九五〇年、朝鮮動乱をきっかけに日本企業の外国資本導入が活発になる。ロスの日系人の間では、日本企業への投資熱が盛んになった。

この頃、ロスでもっとも話題になった人物はドクター市岡俊雄で、彼は正力松太郎の勧めで日本テレビの株を四万株も買った。これがきっかけで、ロスには日系の証券会社が創立される。市岡が資本を出してつくった大洋証券は、一九五二年（昭和二十七年）にロスのサンピードロ街二〇八で創立した。

そして、一九五四年（昭和二十九年）、パートナーに加わったのが、日系人社会の花形スターである森寅雄だった。

それまで寅雄の生活は苦しいものだった。フェンシングのコーチの収入では一家を養えなかった。生活のためにいろいろなアルバイトもしている。

寅雄が大洋証券に入社する頃、日系人の間では、証券マンでなくとも、日本を訪れるための旅費や滞在費などの大金を捻出するために、株配当と利ザヤで稼ぐ者が圧倒的に多かった。このような時期に、さらに寅雄は「フェンシングのチャンピオン、剣道教士七段」という肩書きを生かして、アメリカの金融界に入り込んで行った。

当時、ロスの証券業界における対日投資額は約四億円という膨大な額で、おもな銘柄は八幡製鉄や東京銀行、日本鋼管、東京電力、東芝などの大型株だった。森寅雄は、このほかカネボウの株をロスのアメリカ人に売って喜ばれた。

こうして寅雄にも、ようやく経済的にゆとりが出てきた。剣道とフェンシングに打ち込む時間もできる。それは他の日系人にもいえた。

ロスにおける剣道について『南加剣道史』は、「戦後日本に於ては数年間、剣道は禁止されていたので米国に於ても鳴りを静めていたが、森寅雄の再渡米に機をえて復興の道を歩みだした」と記している。しかし日系人は、戦時中アメリカ人に白眼視された痛みを気にしてか、内々で集まり、打ち合わせている。剣道復興もそのひとつだった。

また『南加剣道史』には、こうも述べられている。

「一九五一年十一月三日、西南洗心道場に於て会議を開き、南加剣道有段者会を結成。左記の如く役員を選出。会長青木亀之助、副会長吉富淳一、会計宮原宏次、専務久保田豊、理事森寅雄以下十一名」

「一九五二年一月、三光楼に於て総会を開催する。役員を左の如く選出。会長吉富淳一、副会長宮原宏次、芥川勝、会計望月五郎、米本岩雄、監査大坪正己、専務久保田豊、理事若干名、顧問森寅雄」

そして二月十一日には段位審査が洗心道場で行われ、六段に久保田ら五名、五段三名、四段六名、三段八名、二段三名、合計二十五名が昇段した。

昭和二十六年十二月十三日には戦後の初代会長になった青木亀之助が永眠し、ロスの剣士全員が十七日にハンチントンビーチ葬儀社に集まって告別式を行っている。

新しくガーディナ道場も開場した。ここはおもに森寅雄が中心になって指導した。寅雄は車を買っており、ロス市内三十四の道場を指導して回った。また、テレビに出演して剣道を啓蒙することもあった。

将来への見通しもたった一九五四年、寅雄は巣鴨中学からの旧友利岡和人に手紙を送った。

「アメリカでの剣道もやっと広まった。白人も剣道を始め

アメリカでの事業も順調に進んだころの写真だろう。ロサンゼルス・スタジアムの前で。寅雄はクルマが好きだった。

ている。しかし日本の若者はダメになっていると聞くが心配である。一度明大の学生を連れてきてくれ」とその手紙には書かれていた。

明治大学剣道部、初めて渡米

利岡和人が設立したシモン毛皮革株式会社は、昭和二十九年から三十年にかけてはまだ経営基盤ができていなかった。一寸先は闇の状態で、社員の給料も払えず、社長の利岡は苦悩していた。

そんな最中に、アメリカの森寅雄から誘いがあった。明治大学剣道部は昭和二十六年の夏に旗上げし、レスリング部が使っている部屋を借りてこそこそと稽古した。そのうちに利岡監督や中山博道、羽賀準一らの紹介で都内の妙義道場、済寧館などに出向いて他流試合を重ね、昭和三十年関東学生剣道優勝大会で優勝している。そのメンバーの中には四段を持つ者もいることなどから、利岡は「それなら見せてやる」という気になる。

すでにアメリカサイドは各日系人の家と連絡をとっていて、明大の一行がアメリカに着いてからの滞在費や交通費などは一切面倒を見るなど、受け入れ準備はでき上がっている。しかし利岡にしてみれば、明大の学生を見せたい気はあるが、彼の会社が火の車であり、本当はアメリカ行きどころではない。

うっかり学生にアメリカ行きの話をもらしたのがいけなかった。利岡は『明剣七十周年記念誌』の「剣道界戦後のアメリカ遠征と台湾遠征」の座談会でこう語っている。

「森さんからの手紙によると、アチラ（ＵＳＡ）では敗戦後の日本の若者はダメになってしまっていると思っているとのことなので、そんなことはない、日本にも次の世代を担う立派な若者がいる。しかも剣道をやっている。そんな姿をなんとかアメリカの在留邦人に見せたいと思ったのがはじまりで、その話を学生諸君にすると、ぜひ行きたいと言う。なんど確かめても意志が変らないので森さんに連絡すると、滞在費はなんとかなるから来いということだった。ちょうどその時、やはり巣鴨中学の剣道の友人である山崎君が川崎汽船の総務部長をしていたので相談すると、便宜をはかってくれると言う。それに学生たちは行きたいという固い意志があるし、マア行こうということになった」

山崎は森寅雄とも連絡をとっていて、寅雄は山崎に「頼むよ」と手紙を出している。

昭和三十年、大卒者の初任給が約七千円の頃、一行の各個人負担が五万円である。そんな大金は誰も持っていない。苦肉の策は明大マンドリンクラブの活用だった。当時四段だった長田保（大同興業商事取締役）は資金集めの方法をこう語ってくれた。

「初めはＯＢに資金カンパをと考えたんです。そのうちに私たちだけでつくろうと。アイデアはダンスパーティをやろうとか学生演奏会をやろうなど、いろいろ出ましたね。そのうちに早稲田と慶応とうちとで大音楽祭を企画するんです。私たちは明大ＯＢで芸能プロダクションにいる先輩たちを訪ねて相談したんです。すると十歳ほど上のある先輩が、君らやめなさい、プロがやっても儲からないんだから、と言われた。こちらは、すでに決めたことなんです、とねばったら、二日ほどして、君らには負けたといって協力してくれました。明大マンドリンクラブに対しては、青木さんというマンドリンクラブの先輩を通じて口説きました」

こうして早稲田のハワイアン、慶応のライトミュージック、そして明大のマンドリンクラブが協力することになる。題して「明治大学剣道渡米資金募集・早慶明演奏会」。場所は明大記念講堂で、入場料百円。四千枚の券をつくって売った。二重売りまでして、必死に資金を集めている。なお、この演奏会には朝丘雪路、中原美佐緒・雪村いずみにも出演を交渉。雪村以外は出演OKとなった。プロ顔負けの大人気を博し、昼と夜の二回にわたって演奏を行い、経費を引いて二十八万五千円ほどが残った。

このほかに各自が五万円を足して遠征することにした。しかし、問題は、いかに周囲を口説いてその五万円を調達するかだった。長田の場合は「出世払い。必ず払うから」といって両親を口説き落としている。

出発は、昭和三十年九月の予定だった、ところが台風の影響で船の都合がつかず、十月五日に変わった。船は、神戸港を出船する一万五千トンの貨客船が予約できたが、いずれも不定期船だから荷物を求めて世界各地を寄港することになる。

出発の日、利岡は見送りにきた妻に、

「帰ってきたら、会社がなくなっているかもしれないな」

ともらしている。その時、利岡の妻は、

「大丈夫ですよ。なんとかなるでしょう」

と言って、生まれて初めてアメリカへ行く夫を安心させた。のちに利岡はこう述懐している。

「帰国して会社があるかどうか心配だった。帰ってみたら遅配欠配のありさまだったけれど、ともかく会社は残っていた。あれはぼくが四十一歳のときだった」

出発のさい利岡は、剣道具のない南加剣道連盟に寄贈するため剣道具五組、大刀二振り、小刀二振り、竹刀百本を買い込んだ。

日米剣道試合

「十日間、陸影を見ず……」

一行の一人、三上真一四段は、祥川丸が神戸港を発って北米航路を東に向かう船上でこう語っている。一行とは、団長の利岡和人教士七段、森芳健、長田保、中島芳紀、三上真一の五名である。

出船の翌朝、一行は早起きすると、一周三百メートルの甲板をランニングした。ノルマは十周である。しかし太平洋に出ると、船は台風25号にぶつかってローリングとピッチングを繰りかえし、とても船上で立ってはいられない。一行はそれでも準備体操と素振りをなんとかこなしたものの、防具をつけてみると、とても打ち込みができる状態ではなかった。

「丸ビルぐらいの波がかぶさってくる。船が三十五度も傾いた。テーブルクロスに水をかけて食器が滑らないようにしてあった。椅子はチェーンで結んで固定していた」

中島芳紀はこう語っている。普通の人間なら船酔いし、毎日嘔吐して苦しむものである。だが、関東学生ナンバーワンの学生剣士たちは、利岡をはじめ全員が毎朝ランニングと素振りをしたあと三食欠かさず食事をするので、船長をびっくりさせた。「ニッポンの侍」たちには台風も丸ビルほどの波も、何でもなかった。

貨客船祥川丸は、神戸を発って十四日後に人口四百人のカナダ領ターチス島に着いた。バンクーバーに寄港を予定していたが、途中、荷主の都合で変更している。それから三日後ポートランドに寄港し、一行はここで初めてアメリカの土を踏んだ。

ここでは、戦後初めて「ニッポンの侍」が上陸するとあって、ひともんちゃくあった。税関では日本刀は持ち込み禁止、というのである。そこで祥川丸のパーサーが気を利かし「これは美術品だ」と通訳してくれた。税関は頑として「持ち込みできないのを知っているか」と注意したが、そのうちに「下船のときは立ち合わない。君たちの意志で下りなさい」と言った。「われわれは知らん。横を向いているよ」という意味である。長田は語る。「すぐに私と三上が小刀を、森芳と中島が大刀を一本ずつ持って船を下りた。下船すると、森寅雄さんに聞いたといって『ロス新報』の登森さんという支局長が迎えにきていた。その夜は日系人十人ほどが集まり御馳走していただいた」

このポートランドで一泊し、一行は翌日の定期の夜行バスでロサンゼルスに向かった。三十時間の大陸縦断の旅である。

バスがロスに着いたのは、ロス時間で十月二十六日の午前一時十分だった。真夜中である。バス停には森寅雄、久保田豊、望月五郎、吉富淳一ら四名が車で出迎えにきている。また、森寅雄と親しい『ロス新報』の日系人記者とカメラマンも取材にきていた。翌日の『ロス新報』

はこう報じている。

「一行は去る二十三日祥川丸でポートランドに到着、その後バスでロスにやってきたもので、監督の利岡七段、森芳健四段（長崎）、中島芳紀四段（東京）、長田保四段（神奈川）、三上真一四段（東京）という顔ぶれの若い剣士、滞米は二週間の予定である。一行は吉富淳一経営のヒユーストンホテルに投宿、二日間休養ののち既報の通り土曜午後六時から高野山別院食堂で開催される南加剣道有段者会主催の歓迎剣道大会に出席、妙技を見せる」

学生剣道を迎えるのは昭和十三年、高野佐三郎引率の早稲田大学剣道部の遠征以来である。しかし当時と今回では、趣も意味も違った。今回は、敗戦で草の根まで焼き焦がされた日本の若者が、カラ芋と麦めしで飢えをしのいで剣を研ぎ、日本武道の魂を呼び起こしたのである。

演武は二十八日の午後六時から開始された。幼少年高点試合、有段者三本勝負、明大選手対南加選手の対抗戦とつづき、寅雄に手ほどきを受けたアメリカ女性のフェンシング模範試合が行われた。

当時ロスにあった『加州毎日』や『ロス新報』など邦字新聞は「好男子揃いの明大剣士」「場内壓する裂帛の気合、学生剣道試合二対二で引分け！」「剣道の極致示す、森八段対利岡七段試合」などと見出しをつけて報じた。「森八段」というのは、当地の連盟における寅雄の段位を示している。

明大選手対南加選手の団体戦（四人制）は「恥ずかしくない剣道を」と申し合わせて挑んだ。先鋒の長田は川口二段に面、胴を決めて勝ち、三上は桑原三段に甲手を二本取られて敗れた。

中島は清水四段に胴と面を決めて勝った。しかし大将戦で森芳は雨宮四段に面と胴を決められて負け、団体戦は二対二の引き分けとなる。

寅雄の指導のもとに南加選手たちは力をつけていた。利岡はこの日のあいさつで、「噂には聞いていたが、思っていた以上に強いのを見て心強く思った。森先生のみっちりした指導で態度も正しいし、第一に地(基礎)ができている」

と脱帽している。

明大の一行は、翌二十九日から各地の道場を回って練習試合を行っている。

ところで、当の森寅雄の剣はどうだったか。『ロス新報』は「眼にも止まらぬ鮮かな剣尖」と書いているが、明大選手の長田には、「フトコロの広い、柔らかい剣だった」という印象を与えている。彼は地稽古で森

昭和30年10月29日、ロサンゼルスの高野山ホールにおいて、関東学生剣道優勝大会の覇者・明大剣士たちの歓迎大会が開かれた。

寅雄と初めて立ち合った。そして、立ち合いから間もなく長田は打って出るところを、グッと一発、突を入れられ、動きが止まった。

「これはすごかった。きれいな正眼でフトコロが広く、柔らかさのなかに豪剣を兼ね備えていた。どこから打っても応じられた。ぼくら学生の腕ではとても打てなかった。そのうちに、何回か打ち込ませてくれましたが」

柔らかい剣——たとえば、ぶつかる瞬間、横に開いて小気味よくスパッと胴を切る。間合を詰めてスルスルと入り、無理なく技を出していた。

「剣風が違うな、と思いました」

長田保は眼頭をあつくしながら語った。

第12章

世界選手権開催への夢

米国剣道連盟発足、会長に森寅雄

昭和二十五年、敗戦国日本の人々と同様に蔑視されつづけてきた日系人たちの一部には、再び剣を取って立ち直った者がいた。

南フランスのブルニエに封じ込められて全滅寸前だったアメリカ兵テキサス大隊をわずか四日間で解放した日系人米兵四四二部隊の英雄的活躍で、アメリカの白人市民たちが日系人を見直したのは事実である。

森寅雄のアメリカ帰国をきっかけに復活した剣道を白人市民たちが容認したのも、やはり中村藤吉から森寅雄にわたって大和魂をたたき込まれた、日系二世たちの決死の活躍による。

白人市民たちの間にも、捨て身で斬り込む剣道に憧れを持ち、道場の門をたたく若者が増えた。やはりブルニエでの日系二世の活躍を聞かされたり、映画「宮本武蔵」や中里介山の「大菩薩峠」（ともに片岡千恵蔵主演）などに影響を受けた者が多かった。

ゴードン・ワーナー（当時三段）やブレッド・マーチン（当時三段）以下二十名近い白人剣士たちは、全米四十の道場を指導して回る森寅雄（八段）に稽古をつけてもらうと、まるで電気ショックを受けたように感動を深くした。

寅雄の噂は白人の一番弟子ゴードン・ワーナーから聞いてはいた。しかし眼の前で打ち込む寅雄の鋭い剣を見た時、それは神業に思えたようだ。彼ら素人にも、寅雄の美しく、強い剣道が分かったのである。

寅雄の剣道の美しさと強さについては、若い頃なかなか勝てなかった中倉清（故人・範士九段）も、また大野操一郎（故人・範士九段）も渡辺敏雄（故人・八段）も同じことを語っているが、福岡県甘木市出身で、玉川大教授の井上正孝（故人・範士八段）は次のように表現する。

「立った姿といい、打ち方といい、きれいなものでした。稽古の理想の姿でしょうね。とにかく絵に描いたような稽古でした。一般的に剣のきれいな人は試合に弱いのが定評ですが、あの人は稽古はきれいだし、試合は抜群に強かった。昔は足がらみや組打ちもありましたが、それでもあの人は強かった。なにしろ巣鴨中学の三年のときでしたか、私らの東京高等師範にきて一、二時間元立ちに立って稽古していたんです。高等師範の学生を相手にですよ。たぶん大野先生の関係で高等師範に来るようになったんでしょうけど、立派でしたね」

学生の頃、井上はたった一度、間違って寅雄に勝ったことがある。講談社の伊香保道場に通っていた時のことである。

「あの時の審判は江口卯吉中佐でした。何をやっても私は寅雄さんに負けるんです。面にいっても、面金一寸のところで受けられ、それこそ宮本武蔵の〝一寸のみきり〟と同じで、サッと胴に切り返されるんです。私はその時も、思い切り正面から斬り込んだのです。そしたら江口中佐が、面アリ！　と手を上げた。寅雄さんはやはり面金一寸のところで受けて、返し胴に出たんです。きれいに返していたんですが、私の面打ちが勢いで当たったと見たんですね。私の竹刀は寅雄さんの面にさわってもいないのにね。それだけでしたよ、私が勝てたのは。実にきれいで、強かった。あの持田盛二先生でさえも試合で負けたことがあるんですからね」

その井上正孝が、戦後二十二年ぶりに寅雄と会うのは、のちに触れる昭和三十二年七月、全日本学生選抜選手十三名の監督としてロサンゼルスに渡った時である。

しかし、まさか戦後六年で、ロサンゼルスやサンフランシスコを中心とした米国剣道が、日本の選抜チームと五分五分で渡り合うほど強くなったとは想像もしていない。関東学生優勝大会を制した明治大学剣道部一行が訪米したさい、地元剣士たちは明大の四段の四人と五分五分の勝負だった。これを聞いた時、井上には森寅雄の指導がピーンとひらめいたそうだ。

米国剣道連盟が発足するのは一九五五年（昭和三十年）二月である。会長に森寅雄、副会長に久保田豊と宮原宏次が就任した。この時、寅雄は米国剣道連盟から八段教士を授けられる。寅雄三十九歳だった。

この頃の米国剣道には、早く日本の剣道に追いつこうという意気込みが窺える。寅雄の指導のもとに、全員力をつけていた。連盟発足の年の五月には阪急百貨店常務の野田孝範士八段を招待し、寅雄は日米剣道大会と国際剣道大会の構想をうち明けている。

また同じ月に第二回の段級審査を行い、寅雄は審査のさいに、

「段は力であるが、受験する段以上の力がないと、その段は与えられない。五段を受ける人は六段の力、四段の人は五段の力がなければいけない」

と語っている。

寅雄の段審査に対する厳しい考え方が、この言葉から容易に想像できる。この審査で、五段に七名、四段に三名、三段に三名が昇段した。

米国剣士を率いて、故国へ錦を飾る

寅雄は訪日剣道修業を、その年の夏から計画している。旅のプランが具体化したのが一九五六年（昭和三十一年）の九月で、十一月には出発する予定である。団長に久保田豊、監督に森寅雄、選手メンバーは大坪正巳五段以下十五名である。

寅雄にとり、この日こそ故国へ錦を飾る第一歩であった。桐生を発って六年めのことである。

剣道が強かった日系二世の多くは四四二部隊で突撃死しているので、残った二世や初めて学ぶ三世たちの中から剣士が育てられた。また、ワーナー三段、マーチン三段のように、異色の白人剣士もいる。

その頃のアメリカ経済は好景気だった。ドルは強く、日系人たちも事業に成功し、利益を日

本企業に投資している。いわば戦後の日本企業を陰で支えた株主たちだった。

森寅雄はこの頃、大洋証券に勤務しており、日系人の投資相談に応じていた。一人で二十人分の仕事をしたとも伝えられている。経済的にようやく余裕を取り戻していた。日本人よりもはるかにリッチだったのである。

日本航空が、羽田とロス間に旅客機を就航させるのは一九五六年（昭和三十一年）の秋である。乗客のほとんどがリッチな日系人だった。日本人が日本航空でロスに渡るのは、野田孝のような大手企業の重役や社長クラスだけで、それも稀《まれ》だった。

日本も景気回復に向かってはいた。大卒の初任給が一万三八〇〇円になった頃だが、しかし飛行機に乗ることは、まだ夢の夢だった。

もちろん、アメリカの日系剣士たちにも、日本航空で故国へ行くのは夢であった。祖父母の土地に行く日系三世もいるし、マーチンのように初めて日本の土を踏む白人剣士もいた。

アメリカチームの一行とは、大坪正巳（五段）、芥川勝（五段）、米川岩雄（五段）、福永豊（五段）、香川春雄（四段）、尾浪正一（三段）、江戸太郎（二段）、阿久根三郎（三段）、ゴードン・ワーナー（三段）、ブレッド・マーチン（三段）、小畑修一（三段）、浅利良雄（初段）、西野精（一級）、本安勝（一級）、小野田克己（二級）である。

一行は出発前の十日にロスの道場で結団式を行った。久保田を除き、全員は剣道具をつけたまま記念写真に納まる。その中には利岡和人ら明大剣道部が寄贈した防具もあった。また甲手などは日本の剣道具屋に送り、当時の金で四千円近い修理代を払って修理してもらったものもある。

それらの防具をロスの空港で手荷物として積み込み、十一日、多くの日系人に見送られながら、まずは一路ハワイへと発った。

ハワイでは、着いた日に三上修進七段らの剣道家たちと交流試合をやる。その夜は一泊し、翌十二日の日航機でウェーキ島経由で羽田に向かった。

初めて日本の土を踏む二世や三世たちは機内で落ち着けなかった。眼下に房総半島や三浦半島が見えてくると、「鎌倉の由比ケ浜だ！」といって喜んだ。みんな窓に顔をつけて眼下の東京を眺めた。寅雄は、ここでは弟子たちの案内役だった。指を差しては上空から見る東京の建物を説明してやった。

かつて『報知新聞』の記者時代に寅雄と机を並べたことのある東大剣道部出身の庄子宗光は、当時、全剣連の理事長だったが、名著『剣道百年』の中で、羽田に着いた一行のことをこう記している。

「一行は紺のブレザーコートにグレーのズボン、エンジのネクタイという姿で、中でも隻脚の剣士、ロングビーチ大学教授のワーナー・ゴードン三段の六尺四寸余りの長身が注目の的であった」

羽田に着くと、利岡や明大剣道部員、巣鴨学園の同窓生らがおり、桐生からも迎えの者がやってきた。女性の一人が寅雄に花束を渡した。

宿泊先は日比谷パークホテルである。

ホテルに着くと荷を解き、すぐに全日本剣道連盟会長の木村篤太郎らに連れられて有楽町の毎日新聞東京本社を訪問する。

毎日新聞社と道路を隔てた所には、寅雄が社長になる予定だった報知新聞社の建物があったが、戦災に会い、すでに社屋は平河町に移転していた。寅雄は感慨深いものを覚え、しばらくのあいだ、焼け残った報知新聞社ビルを見上げていた。

スケジュールは二週間である。

日本での第一戦は十一月十六日午後一時から東京日比谷公会堂で関東学生選抜軍との間で行われた。この日は五千人近い観衆がつめかけている。

しかし第一戦は、寅雄が率いるアメリカチームは七対五で惜しくも関東学生選抜軍に敗れた。その後、一行は翌日東京体育館で行われた第四回全日本剣道選手権大会を見学。つぎの十九日には東京駅から京都に出た。二十一日には京都岡崎の武徳殿で、今度は関西学生選抜軍と対戦した。

この頃になると、アメリカチームは試合慣れしていた、また、京都武徳殿の神秘的雰囲気に感動したりして、すっかり試合ムードを高めている。

結果は同志社や京大などから選ばれた選抜選手と対し六対四、四引き分けでアメリカチームが快勝した。

第三戦は十一月二十五日、大阪府立体育館で、全日本学生運盟選抜軍と対戦した。アメリカチームは八人が敗れたが、六人が勝って善戦した。この間、各地区では各連盟から厚いもてなしを受けた。

しかし、何よりもアメリカチームを感動させたのは、京都へ発つ前に行われた第四回全日本剣道選手権大会であった。

この大会は、寅雄を兄のようにしたって稽古した神奈川県警の中村太郎（国士舘、陸軍中野学校卒）が、前回につづく二連覇を賭けている。その他野間道場の仲間である中倉清や、中村太郎と国士舘同期生の森島健男らも出場している。

中村太郎は戦前、寅雄より前にアメリカで日系人に剣道を教えた中村藤吉の長男で、その弟が藤雄である。戦前、中村藤吉は日系二世四十人を日本に連れてきては、日本の大学に通わせたほどだった。

中村親子は中山博道にも師事しており、野間道場でも剣を研いた。

全日本選手権では中村太郎はシードされ、二回戦で静岡代表の川村平蔵と対戦。川村から胴と面を取って三回戦に進んだ。

三回戦では、東京の長島末吉を面の二本で降した。が、四回戦では苦戦した。相手はのちに剣の鬼と言われる鹿児島の中倉清である。ともに野間道場で稽古し、手の内を知り尽している。それだけに名試合だった。

この一戦は、事実上の決勝戦と言われた。中倉は優勝候補に上がっていた。打ち盛りだった。庄子宗光はこの一戦をこう書いている。

「ここで最も注目されたのは、第三回の優勝者中村太郎と有力な優勝候補に数えられた中倉清の一戦であった。中村は天稟《てんぴん》の試合巧者をもって鳴る使い手、中倉はまた戦前派の古豪として聞えた名選手。両選手立上るや二三合打合って、離れたところを中村追いすがって横面を打ったが不充分。中倉すかさず面を返して一本先取。中倉得意の左上段となって一挙に勝負を決せんとするや、中村臆するところなく中倉の左小手を攻めると見せて、一瞬胴に変化して一本となる。中倉またも左上段からじりじりと攻めるうち、機を見て面に伸びようとした途端、中村すばやく小手から胴に変って勝負を決めた」

中倉は惜しくも敗れた。

勝った中村は、しかし、決勝戦で初出場の浅川春男（岐阜）に敗れた。一本めは鍔競り合いから離れ際に面を決められる。二本めは中村が、鍔競り合いから左右面を打って取り返す。三本めは、同じく鍔競り合いから浅川が身を引いて中村の胴を切って優勝した。

この試合を見たアメリカチームは、本物の剣道に出会い感銘を深くする。

日米親善剣道大会を企画

寅雄が率いるアメリカチームは、二週間のスケジュールをこなして帰国した。その間、一行は横浜や鎌倉、箱根、京都を旅行する。また寅雄は帰国前の日、巣鴨中学時代の先輩である浦田正夫を中野に訪ね、談笑した。浦田のアトリエでは防具をつけた寅雄が記念写真に納まっている。

訪日の何よりの収穫は、日米間の親善試合の交流を、全剣連の木村篤太郎会長との間に取り決めたことである。国際剣道大会、つまり世界選手権の構想を実現させるためには、太平洋を挟んだ日米がきっかけをつくるべきと打診してきた。

この企画に積極的に協力した新聞社があった。毎日新聞社は、東京・大阪の両本社が後援することを約束した。寅雄たち一行は、大阪での試合のさい、阪急の野田孝の肝入りで毎日新聞大阪本社を訪れて趣旨を説明している。

この日米剣道交流は、寅雄にとって一大事業である、

寅雄は、毎日新聞社および木村篤太郎全剣連会長との間に、訪米使節が来た場合、アメリカ到着後から日本に戻る間の一切の費用を米国剣道連盟が負担することを約束している。日本からは往復の渡航費のみでよい、との手厚い招待だった。しかも全員一人一人、ホームステイであり、さみしくならないようにと配慮している。

それから間もなく、全剣連は笹森順造全日本学生剣道連盟会長を団長とする十三名の訪米使節の選手選抜に取り組んだ。日本の若者をアメリカに送り、ロスの剣道家たちとの交流機会をつくろうというものである。

毎日新聞社は「日米親善剣道選抜戦」という社告を大々的に打った。試合日時は昭和三十二年五月十九日。場所は神戸市の王子体育館である。

各大学から選ばれた選手は、アメリカ行きの夢をかけて熱い火花を散らせ合った。当時、アメリカへ行くことは夢の夢だった。

また、学生の間では各地区の大会が行われていたが、全国的な試合は年一回しかなく、彼ら

の間で誰が強いか分らないという状況でもあっただけに、画期的なことだった。選抜選手は関東六名、関西六名、それに九州出身一名が加わり、総計十三名となる。選抜戦は三十二年五月十九日に行われた。

この選抜戦に九州から六名が選ばれて出場した。六名中、最年少剣士は会田彰（二十歳）だった。会田は鹿児島大学教育学部二年生になったばかりだった。剣道は十歳の時に父・強六段教士に教わったが、戦後は剣道が出来ず、バレーボールの選手として活躍した。しかし武道の強い甲南高校（旧制二中）の二年になった時、本格的に剣道に打ち込み、卒業の年に初段を取り、全県の高校大会で優勝している。その後は段審査を受けていない。大学一年の時、会田初段は九州学生選手権大会にも優勝し、三十二年五月に件《くだん》の選抜戦に参加したわけだが、この時も初段のままだった。

選抜戦ではコテ・メンの連続技のみで攻め、四回までストレート勝ちし、関西学生チームの六名の中に入り、渡米資格を得たのである。この結果に慌てたのは、鹿児島県剣道連盟だった。「初段が四段を倒して勝ち進み、しかも日本代表になるというのでは具合が悪いではないか」というので、日本を出発する直前に無審査で二段を会田に与えた、というエピソードがある。剣道を本格的に始めてわずか三年で全日本学生選抜の関西勢代表になったという選手も珍しい。のちに会田は七段の時、全国教職員大会で国士舘の馬場鈞司選手を苦戦のすえ上段で勝ち優勝した。また、中倉清らと都道府県対抗の鹿児島県代表選手として出場して活躍する。

神戸市・王子体育館での選抜試合の結果、選ばれた選手は次の十三名。

井上弘一（関学大・四段）、石見政勝（明大・四段）、上田義比古（早大・四段）、大川博隆（関西大・四段）、会田彰（鹿大・初段）、久保田利行（立命館大・四段）、小久保昇治（教育大・四段）、三王延昭（中大・四段）、白井教雄（甲南大・四段）、羽磯尚史（慶応大・四段）、巻島英雄（東大・四段）、三宅文三（岡山大・三段）、本谷忠司（法大・四段）。

そして団長に笹森順造、総監督に木島栄一（慶応大ＯＢ）、関東勢監督に丸山義一（法大ＯＢ）、関西勢監督に井上正孝（教育大ＯＢ）らがそれぞれ決定された。井上正孝は当時、大阪府保健体育課長で、出発の抱負を出身地の新聞『西日本新聞』の記者にこう語っている。

「アメリカで日本の剣道といえば、まだまだ特攻隊を思い出す人も多いので、私達はこの古い観念を捨てさせ、正しい剣道を理解させたい。そのため七月初めから法政大学の寮に合宿して、選手に立派な剣道ができるようにみっちり練習させるつもりだ」

全日本学生選抜の一行は七月二十日、総理主催により首相官邸で行われたパーティで激励を受けた。明大生が遠征を行った時は、個人的なもので自費で行ったが、今回は国をあげての公式遠征であるところに大きな差と意義がある。総理が激励パーティを開くのも、これが最初にして最後だった。木村篤太郎国務大臣、笹森順造といった政治家であり、かつ大物剣道家である人物の存在があったればこその、総理主催パーティだった。

出発は経費の関係で三つのグループに分けられた。協力した船会社は山下汽船から独立して間もない日東商船と大同海運。大同海運社長の辻鈔吉は一橋大剣道部出身で、剣道のよき理解者だった。乗る船は、いずれも不定期の貨物船である。

七月二十六日、木島総監督以下四人が乗った第一便は日東商船の同和丸で、浦賀を出航した。第二便の丸山監督以下三名は、やはり日東商船の横浜発・昌和丸で。井上監督以下関西グループは、七月三十日横浜発小樽経由サンフランシスコ行きの大同海運・高花丸であった。

三船ともそれぞれ到着港は違うが、八月十七日にロスに集まった。横浜港を出航してサンフランシスコ港に着いた第三便・高花丸での稽古のもようを、阪急百貨店取締役の井上弘一（教士七段）はこう語る。

「天気に恵まれまして、甲板上では井上正孝先生指導のもとで稽古しました。時々船が傾くのですが、それでも踏ん張って打ち込みましたね」

一行は、左胸に日の丸をつけた濃紺のブレザーを着ての出港である。井上は初めてアメリカに着いた日のことをこう続ける。

「シスコには夜中に着きました。沖待ちです、港外で。そして翌朝、税関の人が来まして私どもの荷物を検査するのですが、剣道具のことがなかなか分かってもらえず、ちょっとトラブリました。初めて見るものばかりで、困ったんでしょうね」

また会田彰の証言によるとこうだ。

「剣道具は美術品だから、税をかけると言ってきたの

「日米親善剣道選抜戦」の選手に選ばれアメリカに向かう関西勢の一団。左から久保田利行、白井教雄、井上弘一、大川博隆、会田彰、そして監督の井上正孝。

で、誰か、たぶん通信士かパーサーの人が『いや、これはスポーツだ、映画七人の侍を知ってるか』などと言って相手に伝えたところ、その税関員は『おう、セブン・サムライ！　アイノウ』と叫んで分かってくれました。そこで無事にパスです。初めてのアメリカですから興奮していました」

そこで、その朝、高花丸はようやくゴールデンゲートをくぐり、湾内に入った。波止場に着くとゴードン・ワーナーと江戸太郎らが、二台の車で迎えに来ていた。

一行は二台の車に分乗し、ハイウェイをロサンゼルスへ向けて七、八時間走った。そして、その日の夕方、ロスのリトルトーキョーに入り、ミヤコホテルに到着した。

日米の学生剣士、アメリカ各地を転戦

ロサンゼルスは、日本人祭りの週であった。二世女王コンテストが行われたり、一世の中で「パイオニア一世功労者」が表彰されたりした。日本から学生選抜を呼んでアメリカの御馳走を提供したり、ディズニーランドや南カリフォルニア大学見学などに案内したのも、日米両国の親善交流を深めるのが目的だった。

ロサンゼルスの夏は暑い。華氏九十度を超える猛暑だった。そんな中で日米剣道大会は八月十八日（日曜日）リトルトーキョー内にある高野山ホールで開催された。日系人の間で読まれている『ロス新報』はその時の様子をこう報道している。

「久しぶりに気合の入った熱戦が展開された。折りからの酷暑と立錐《りっすい》の余地なきまでに詰めか

けた観衆の息で場内は九十度を超える暑さをものともせず、闘志を燃やし必勝の意気を示しながら熱戦がくり広げられた。大会は先ず幼少年部高点三本勝負から開始され、四人を抜いた西ロス道場の石丸少年が優勝、二等浅利（西ロス）、三等撫井（ロングビーチ）、四等中原（西ロス）、五等西野弟（ロングビーチ）らが入賞、連盟杯を授与された。その後第二部に入った……」

ここにいう中原とは、昭和三十二年二月に日本からロスへ移住した中原虎太郎教士七段の長男である。

中原虎太郎は山口県出身。戦前は京城警備隊で剣道を教えた。アメリカ移住後は、森寅雄を訪ねて米国剣道連盟に仲間入りし、寅雄を補佐した。寅雄が突然病死したあとは米国剣道連盟会長として、寅雄の遺志を継いでいる。

中原が初めて寅雄に稽古してもらうのは昭和三十二年二月、デンカー道場でのこと。中原も京城で鳴らした腕前。ところが、寅雄の強さに圧倒された。彼はロサンゼルスのホテル・ニューオータニのロビーでこう語った。

「私も京城では強かったんです。しかし寅雄さんとやったとき、あれほど強いとは思わなかった。それまで私がやった中では、羽賀準一さんがいちばん強かったが、本当に強いと思ったのはこの

昭和32年当時のロサンゼルス市街

二人でしたね。技が決まらず私と寅雄さんは鍔競り合いになったんです。そうしたら寅雄さんは右足で私の左足に内掛けしたんです。私がもんどりうって床に倒れたところを一本打たれました。これが、初稽古の一本でした」

戦後の剣道は竹刀の競技になったと言われるが、寅雄は新人には決して教えなかった足掛け、組打ちを、同格の相手には遠慮なく使った。昭和三十八年に渡辺敏雄八段がロサンゼルスに来た時も、寅雄は渡辺を内掛けで押し倒して打ち込んだ。稽古のあと渡辺は思わず、「まだ、あんな癖あるんか？」といって苦笑いしている。

寅雄は同格の相手とは、いつも真剣勝負に出ていた。突きは入れる、左右の胴は斬る、先をとっては打ち込んでいる。子供の頃、憧れの眼で見ていた中村宏之教士七段によると、

「とにかく打った後の残心がきれいだった。胴を斬っても左手で相手の竹刀を押さえているから、相手は次の技に出られなかった」

そんな寅雄に指導を受けたロス剣士たちの実力は、持っている段よりも二段上と言われた。それは、今回の交流試合の第一戦にもよく表れている。

アメリカ選手は二チームに分けられた。南カリフォルニア軍と北カリフォルニア軍である。南カリフォルニアの剣士は雨宮四段、マーチン三段らである。北カリフォルニア軍勢は梅本五段、ワーナー四段などである。

やがて米国選手は週二回合同稽古を積んだ成果を発揮する。

第一戦は日米学生十三名とアメリカ南加軍十三名で行われた。日本の先鋒は三宅文三三段で、

大将は三王延昭四段。南カリフォルニア軍は先鋒・西野精初段、大将・雨宮唯夫四段。試合開始早々、南カリフォルニア軍は先鋒で西野初段がメン一本を決めて勝った。全日本学生軍は中堅から立ち直ってくるが、大将戦では南カリフォルニア軍の雨宮四段が三王選手にコテ一本を決め、トータルで九対四として全日本学生軍を降した。

この第一戦の前には、ポールソン市長代理のカーネル・スタークやロサンゼルス体育クラブ代表のデビッド・ライスらの歓迎の辞のあと、全日本学生一人一人の紹介、木島・井上両教士による日本剣道形の披露、さらに笹森順造の神夢想林崎流抜刀術の奥義が披露された。このあとアメリカ側は森寅雄の教え子たちによるフェンシング競技の披露があった。

大会第二戦は、日本学生と北カリフォルニア軍である。

さすがにムード慣れした全日本学生軍は終始攻勢に出て、十一対二の大差で北カリフォルニア軍を破った。しかし身長六尺四寸、義足で奮闘するワーナーが、大川四段を突きと面で破るというひと幕もあった。『ロス新報』はこう書いている。

「第二軍に三将として出場した義足のワーナー四段は鮮

日米両軍の試合前の挨拶。左側で旗を持っているのが主審を務めた森寅雄。

かな突きと面の二本を大川四段から奪い、破れるような拍手を浴び、第二軍のため万丈の気を吐いた」

なお、全日本学生軍に勝った南カリフォルニア軍の決め技十七本のうち、胴技が六本入っている。井上正孝は審判をしながら、「寅雄さんの胴打ちそっくりだ」と思ったそうだ。

第二戦は二十四日午後八時からカリフォルニア州立大ロングビーチ校体育館で開催された。この会場を手配するにあたっては、ロングビーチ校で教授をしている、ワーナー博士の骨折りがあった。当日は米国陸戦隊のブラスバンドが日本の国歌「君が代」と米国の国歌「星条旗よ永遠なれ」を演奏した。

笹森順造と井上正孝は、この体育館で小野派一刀流の形を披露した。しかし井上正孝は全くその形を知らず、前日笹森順造に教えを受け、なんとか間違わずにこなしている。

前述のように第一戦は全日本学生軍がワーナーやマーチンの混成チームに敗れた。寅雄に教わったアメリカチームはロングビーチを主力とする四段以下の選手だったが、日本の学生は試合のうまさに敗れている。

帰国後、会田彰は『南日本新聞』の記者に遠征の感想をこう述べている。

「団体戦は一勝二敗、個人戦はガーディナで一位から三位まで、ロサンゼルスの全米個人戦では一〜二位を渡米選手で占めた。私はガーディナの試合で三位だった。相手はほとんど戦前日本で有段者になった二世で、実力は大したことはないが、試合がうまい。各地に道場ができており、通っている者も多く剣道熱は盛んで外人も多数試合を見にきていた」

なお一行は、日系人の家にホームステイしたあと、ディズニーランドや各大学を訪問、九月一日、グレイハウンド・バスでロスを離れた。一行はシアトルまでまる二日間走り続け、シアトルから日本郵船の氷川丸で帰国の途についている。

帰国にあたって、日本から持っていった防具や竹刀などはすべて米国剣道連盟に寄付している。

井上正孝は、参議院議員で外務委員長の笹森順造のカバン持ちをかねて飛行機でデンバー、ハワイと寄って帰国の途についた。この時井上は、国賓待遇の外務委員長の秘書役として生まれて初めてファーストクラスに乗るという光栄に恵まれた。

笹森は帰国後、アメリカの剣道をほめたあと、こう結んだ。

「剣道が愈々国際的に発展するためには、日本側において諸々の要請に応える努力をする必要がある」

寅雄の大構想の一歩が、こうして踏み出された。

第13章

海はるかなり

ブラジルにも広まる剣道

一九五七年（昭和三十二年）、米国剣道連盟は毎日新聞社およびアメリカの『ロス新報』の後援で日本の学生十三名をロサンゼルスに招待し、「日米親善剣道選抜戦」を無事に成功させた。笹森順造を団長とする一行が各地を指導して回り、剣道を広めたことにより、寅雄の名もさらに高まった。

日本の学生選手をシアトルで見送った森寅雄は、思わず、「強くなれよ日本！」と心の中で叫んでいた。彼はすでに、剣道は一日本人だけのものではなく、世界の剣道にしたい、そのためには米国剣道連盟が橋渡しをしなければならないと考えている。

寅雄が次に計画したのは、ブラジルと連絡をとって、日本から剣道使節団を招待し、当地の有志たちに見せてやろうというプランである。しかし、これは一朝一夕にできることではなく、時間と根回しがいる。

その前に寅雄は、範士十段になって間もない師匠の持田盛二をアメリカに呼ぶ計画を思いたつ。これは一九六一年（昭和三十六年）のことで、当時寅雄は仕事と剣道遠征をかねて一年に一度は、来日していた。そのたびに持田盛二を訪ねては、アメリカへの招待を持ちかけた。が、持田はすでに高齢で、色よい返事ができなかった。寅雄はいずれ機を見て持田夫婦をアメリカに呼び、市内を見学させたいと願っていたのだが、実現しなかった。

この頃、寅雄は大洋証券で働きながら、ロサンゼルスのロータリクラブや南加（カリフォルニア）大、LAAC体育館などでフェンシングをコーチしている。名実ともに西部きってのナンバーワンの剣士だから、彼は神のように崇められた。

それに、寅雄は歩く姿も美しかった。まだ日本人は白人コンプレックスがあり、小さくなっていて、歩く姿も小股だった。しかし寅雄は大股で堂々と歩くので、戦後をともにした弟子の江戸太郎ら日系二世たちは、つい寅雄の真似をして歩いたという。

また一九五五年から、寅雄は日本人として初のロサンゼルス市体育協会の理事となっている。フェンシングの腕をかわれてのことだった。戦後の西海岸のフェンシングは寅雄の指導の下で育っていた。その意味では今日のアメリカフェンシング界は、森寅雄を師として広がっているといってもよい。

彼は、あらゆる方面で名声を上げた。が、彼がもっとも力を注いだのは、剣道の普及である。

寅雄の剣道普及への意欲はカナダを含む北アメリカだけではなかった。南米のブラジルでも、日系人を中心に、戦後の剣道復活の動きがあった。

元全伯剣道連盟理事長の山下正雄の『ブラジル剣道のあしどり』によると、戦前の柔剣道大会は、一九三三年（昭和八年）に第一回大会がサンパウロで開催され、一九四一年の第九回大会で終わっている。

戦後は一九五九年三月、全日本剣道連盟の下に「全伯国剣道連盟」が結成された。そしてその年の十一月に、全伯第一回剣道選手権大会が西本願寺の大広間で開催された。

この席には全剣連から、当時の常任理事で、のちに参議院議員となる森下泰（森下仁丹社長）が特別に参席している。

それ以来、毎年七月には、剣道大会が開催された。また支部も増えた。山下はこうも書いている。

「試みに異彩を放つ支部大会の二、三を拾ってみると、スザノ福博の如く十八年の歴史を踏んで二百数十の会員を抱えるかと思えば、その隣りのスザノ支部は女性選手の輩出で偉をなし、市役所側とのタイアップよろしく、毎年七月の愛国週間の日曜日に開催されている。遠くノロエステ奥のペ・ビレットなど移民史と共に歩み続ける剣道王国とも云える。他方更に遠いが最も新しいブラジリア支部がある。ここでは伯人選手の養成にケンメイで、もはや八十名をこえる勢い。（中略）いずれこの支部を問わず、この盛況と成果のいたすところつねに隠れた大きな犠牲もあるが、建設は真に難く、しかもこの道は永遠に続いて終りがない、何処までも手繰って究め進めねばなるまい」

経済的に立ち直りを見せた日系人たちの間で、剣道熱はジャングルの奥深くにも広まっていった。開拓者たちの間では、剣こそ精神的な支えであり、わが身を守る神であった。

ブラジルの場合はアメリカと違って、経済的に大きく立ち遅れている。剣道界でも指導者に恵まれていない。その点アメリカは森寅雄というスーパースターがいて、日本に対抗して星条旗の下に独立した連盟になっている。

この違いは、やがてブラジル剣道強化の引き金となる。一九六二年（昭和三十七年）には笹森順造が欧州会議のあとサンパウロに立ち寄り、剣道を指導した。この時、大麻勇次範士十段を中心とする日本からの剣道使節派遣の構想が具体化する。

また米国剣道連盟の近況が初めて報告された。それまでは、送られてくる『ロス新報』で知る程度だったが、笹森順造、森寅雄を中心とした米国剣道界が日本と互角の力をつけたと知らされ、ブラジルの剣士たちは、ひどく刺激を受けることになる。むしろ、米国剣道界にライバル意識を持った感が強い。

米国フェンシングチーム監督としてローマ五輪に

森寅雄はブラジル行きと前後して大洋証券から独立し、森証券をリトルトーキョーのどまん中に創立した。証券アナリストでもあった彼は多忙をきわめていた。日米の経済がどういう方向に動いていくか――これからのアメリカ経済はやがて加工技術を失い、日本や東南アジアに進出して委託製造させ、コストダウンで高金利経営から脱却する道を模索するしかない、と寅雄は知る。その結果が自分で自分の首を絞めつけてしまうことになるだろう、とも予見していた。

寅雄がアメリカ経済に明るいのは、森証券を発足させ、日米経済に否応なく首を突っ込んだこともあるが、何よりも日本人として初めてロス体協の理事となったことにもよる。寅雄は各理事やロスのスポーツクラブ会員たちと昵懇《じっこん》の仲になっていた。おのずと景気の話になる。とくにロサンゼルスは日本との交易が大きい。快進撃の日本なしでは、アメリカ経済も成り立たないことを、寅雄は肌で知ったのである。

寅雄は「将来、日本で半分、アメリカで半分生活したい」と姉の岩崎市子に話したことがある。森証券が軌道に乗り、好況だった頃で、前述のように寅雄は毎年、ビジネスと剣道交流の二つの目的で、ことあるごとに来日していた。

寅雄は来日すると姉の市子の家に泊っており、そのつど野間道場にも顔を出し、持田盛二や増田真助の家にも挨拶に行った。祐天寺にある森家の墓にも必ず詣った。野間左衛子未亡人の家にも行った。

もうひとつ、必ず顔を出すところがあった。それは中央大フェンシング部である。ここには弟子の須郷智らの教え子がいる。

須郷は昭和二十七年から四十年末までの十三年間、中央大学剣道部の監督を務めてきた。それまでは、昭和二十三年に森寅雄を知り、フェンシングに打ち込んでいた。その甲斐あって、創立わずか一年半で、中大フェンシングは関東五大学戦で総合優勝した。また須郷は、昭和二十六年から二十八年まで全日本フェンシング選手権大会で個人サーベル種目を三連覇した。彼は寅雄流の、反覆マスター法で合理的に猛練習して効果を上げている。

彼は後日、巣鴨学園剣道部誌『巣園剣友』の森寅雄追悼号にこう寄稿している。

「(前略)今日、日本のフェンシング界が世界の一流国に仲間入りできるようになったのも、実は森先生のご指導のお蔭であり、現在日本のフェンサーとして世界レベルにその名を連ねる船水光行(警視庁)、大川平三郎(ロス在)、清水富士夫、戸田壮介、婚田征二(東急観光)らは全て直接・間接的に先生の息のかかった選手であります。森先生は日本フェンシング界の戦後における再興の祖と申し上げてよいかと存じます(後略)」

昭和三十五年のオリンピック・ローマ大会では、寅雄はアメリカのフェンシングチーム監督として選手団を引率している。しかし彼は日本の選手のほうが気になってしかたがなかった。合宿所や宿泊先を訪ねてきては、ともに寝泊りしていた。ここには須郷らの弟子がいる。寅雄は、彼が果たせなかったオリンピック優勝の夢を、日本選手に託していた。その中の一人が若い大川平三郎だった。

日本選手団達たちは、まだオリンピック大会出場のキャリアが浅く、ローマ大会では心細い思いをしていた。が、彼らの前に寅雄が現れると、パッとその場が明るくなった。その時は、剣道界の寅雄ではなかった。日本フェンシング協会元副会長(昭和二十三年から)の寅雄であり、サーベルをとっては世界一の寅雄であった。

その効果はすぐに表れた。

日本選手団は善戦した。すでに日本のフェンシング界は世界のトップレベルに達し、上位入賞を果たしたのである。「恐るべし日本チーム」として各国から注目された。しかし、アメリカチームの監督兼コーチである寅雄が、蔭にあって彼らを支えていたとは誰も知らない。

厳密に言えば、これはオリンピックルールに違反する行為であったかも知れないが、寅雄はそれを承知の上であった。のちに、寅雄の教えを受けた大川は、世界の檜舞台で頂点に立つことになる。

米国剣道連盟会長として日米親善使節団を迎える

一九六二年（昭和三十七年）から一九六九年までのアメリカ剣道界では、「二世州剣道大会」や進級審査、南北親善大会などが開催され、さらに活況を呈する。

持田盛二を呼ぶことはついにできなかったが、一九六三年（昭和三十八年）には大麻勇次範士十段ら五名の親善剣道使節団がやってきた。一行は、大麻のほか小沢丘範士九段、増田真助範士八段、渡辺敏雄教士八段、利岡和人教士七段である。

利岡は昭和三十五年から全剣連の常任理事を務めている。渡辺は昭和二十七年に全剣連の初代事務局長に就任し、昭和三十五年から常任理事として全剣連の事務局を仕切ってきた。

日米親善使節団の渡米は、森寅雄と利岡和人との連絡で実現した。

その第一回歓迎大会はロサンゼルスのリトルトーキョーにある高野山ホールで行われた。

渡辺敏雄と森寅雄の模範試合。寅雄は、形と同様に大きくすり足で踏みこんでいる。重心の上下動が少なく無駄のない動作である。この状態からの打ちが早かった。両手による横面である。そして不充分とみるや切り返すようにして片手横面と、寅雄は間を切らずに打ちこんだ。

大会は久保田豊米国剣道連盟副会長の開会の辞に始まり、森寅雄が米国剣道連盟会長として歓迎の挨拶をした。そのあと寅雄は五名の使節団をアメリカの剣士たちに紹介する。

その使節団は、戦後の二回にわたる学生使節と違い、重みがあった。戦前に渡米してきた高野佐三郎一行以来のことである。何よりも大きな違いは、大麻、小沢、増田、渡辺という、いずれも日本剣道界の重鎮たちの訪米ということである。

まず小沢と渡辺が小野派一刀流の形を披露し、増田と寅雄が神道無想流の形を演武した。

このあと紅白に分かれて少年たちの試合が行われ、さらに有段の試合へと移る。

最大の見ものは、渡辺敏雄と森寅雄の、日米両八段の模範試合である。渡辺は東京高等師範学校卒で、戦前は講談社野間道場に顔を出し、寅雄たちと激しい稽古をしている。もちろん、若い頃の寅雄には歯がたたなかった。この時はすでに五十一歳の若い範士八段だった。森寅雄はまだ四十七歳の教士八段。

二人の模範試合には迫力があった。ともに負けられなかったのである。持ち時間は五分程度だったが、真剣味のある試合に、ロスの剣士たちは固唾《かたず》を呑んで見守った。のちに渡辺は大野操一郎、中倉清、中野八十二らとの座談会「わが青春の野間道場」の中でこう語っている。

「私は寅雄さんについてはいろいろな思い出があります。一番の思い出は、三十八年に日本の剣道使節としてアメリカに行ったときに、模範試合を寅雄さんと各所でやらされたときのことです。寅雄さんはむこうで功をあげ名を残したときなんですが、そのときに将来の剣道について、寅雄さんの家で三日間徹夜して話をしたもんです。そのあとは二人で雌雄を決するような試合を、ブラジルまで行ってやった。アメリカで四ヵ所、ブラジルで一ヵ所。立派なものでしたね」

渡辺は九月十五日、ロス市立大体育館で行われた第二回歓迎大会では大麻勇次と日本剣道形をやったり、小野派一刀流の組太刀を小沢丘と、また、特別模範試合を寅雄とやっている。

寅雄はこの大会では師匠の増田と神道無念流「五加の形」を披露した。当時の剣道家は現在の剣道家と違い、古流の形のひとつぐらいはマスターしていた。

一行はこのあと、ロス空港からサンパウロへ渡った。会場はパラシオ・マウアで、「全伯剣道大会」のプログラムには「期日、一九六三年九月二十一日（土）とある。この大会には全剣連をはじめ、サンパウロ日本文化協会、パウリスタ新聞社、週刊日系社などが後援した。

ここでも寅雄と渡辺は熱戦を演じた。サンパウロに事務所を置くブラジルの日系人向け月刊紙『セクロ』はこう書いている。

「戦前の一邦字紙、聖州新報によると笠戸丸移民に有段者がいたと伝えている。芳賀という人で、二段の腕前を持っていたらしい。芳賀もおそらく剣道を唯一の支えとして、入植地での苦戦に耐えただろう。ブラジルの剣道史は、笠戸丸入港時からはじまった。（中略）以後スポーツとしての剣道の普及という面から、隆々の発展をたどってゆくが、一般に大きな人気を呼んだのは、日本から招待した森寅雄氏以下六名の達人たちによる模範試合以後であったろう。森寅雄は剣道界にその人ありとうたわれた史上最強の剣士。各地で見せた彼の演武、技などは、剣道に一遍の理解もない伯人たちまで、絶賛を博した」

なぜ、剣道を知らないブラジル人たちを魅了したのか。考えられるのは、素人の眼にも「美しくて強い剣」が理解されたということだろう。ただそのイメージだけで、ブラジル人たちは剣に目覚めていった。

月刊誌『セクロ』はブラジルの剣道人口が、その後、三五〇〇人に増えたとも伝えている。また、全伯剣道連盟の玉置正現会長からの手紙では、有段者は四〇〇人で、このうち九〇パーセントが日系人だとの知らせである。なお、この時の大会とは別に、在ブラジルの山下晴哉教士は森寅雄に個人的指導を受けている。

寅雄はその後もメキシコやアルゼンチン、カナダ、アメリカ東部、台湾を回り、指導と普及に努めた。そして、行く先々で「世界大会をやるから、みなさん、これからも頑張ってください」と各国の選手たちを励ました。全剣連で役職を持つ利岡との連絡がスムーズに運んだことが、寅雄の行動を助けていた、

台湾の剣道のレベルは、日本、韓国に次ぐほど高い。日本との交流試合が多いので腕を上げ

ているが、その中には、寅雄の胴打ちを真似る剣士もいた。中村藤吉の二男中村藤雄は、寅雄の胴打ちをそばで見て自分のものにしたという台湾の剣道家と会った。その剣士は、右胴が不十分と思った時、咄嗟に切り返す寅雄の逆胴切りをやった。つまり一瞬のうちに左右の胴を切る技である。

思わず中村は「ここにも寅雄さんがいるな」と微笑んだ。

ビバリーヒルズのどまん中にフェンシング・アカデミーをつくる

証券アナリストであり、ロス市体協理事、ＬＡＡＣ（ロサンゼルス・アスレチッククラブ）フェンシングマスター、そして全米剣道連盟会長、剣道教士八段である四十八歳の森寅雄は、秘かにフェンシング道場を経営したいという構想を描いていた。それには事業資金を作る必要がある。剣道の指導はボランティアなので、彼は事業と剣道を切り離して考えた。

のちに森証券は日本の野村証券のロス代理店になるが、寅雄がそうなるようにしたのは、日本企業の株をアメリカ市民に売り、利益を還元させるためでもあった。寅雄自身も買った株で儲けているが、生き馬の目も抜くような株取引でかなり神経をすり減らしていた。好きなコーヒーとタバコの量も増えた。タバコは一日一箱半。コーヒーは食後はもちろん、剣道の稽古の後にも必ず飲んだ。

心臓の調子がおかしいことに気付くのは、五十歳になった頃である。両親も叔父の野間清治も働きすぎから心臓病で死んでいる。寅雄はふと、こんなハードな仕事をしていては、いずれ自分も心臓を患ってしまう、と不安になった。森証券を手離す引き金となったのは、その頃である。

しかし不調を感じていたとはいえ、日本から剣士がやってくると、いの一番でその接待を優先した。

一九六四年（昭和三十九年）六月、東京オリンピック開催前のことである。巣鴨学園の後輩である竹村鉱二は剣道修業の旅に出て、ロスの寅雄を訪ねている。まだ一面識もない竹村は利岡和人に紹介状を書いてもらい渡米した。ロスのホテルに着いた竹村は、明日のスケジュールを聞くために電話を入れた。

その夜、森家は義父、赤星一次の米寿の誕生日祝があり、家族会議を予定していた。ところが寅雄は、電話をもらうとすぐに車を飛ばしてホテルに急いだ。その夜は電話で遅れる旨を家族に伝え、その足で竹村をロスの市内観光に連れて歩いている。

夜、寅雄は自分がフェンシングのヘッドコーチをしているＬＡＡＣにも案内した。そこにはプールもあれば、各階にはさまざまな室内競技室、室内レストラン、バーなどもある。

「これはクラブ会員たちの出資で運営しているクラブなんです。メンバー制で、誰もが、いきても利用できるんですね。いずれ日本でも流行りますよ」

寅雄はＬＡＡＣの全室を見せて回った。そのあとで自宅に連れて帰り、一緒に食事するというもてなしようである。後輩とはいえ、見も知らぬ人間を迎える寅雄の親切さに、竹村はまるで救いの神に出会ったようだった。そのかわり、寅雄が来日すると、竹村が真っ先に迎え入れるなど、その後も交流を深めている。

昭和四十二年春、寅雄は森証券を閉店すると、権利を野村証券に売った。今日の野村証券ロス支店だが、寅雄は身売りした金で建坪百坪の建物、ジョセフ・ヴィンス・カンパニーを買い取り、この建物をモリ・フェンシング・アカデミーとした。

場所はビバリーヒルズの繁華街のどまん中、キャノン通りである。ここにはハリウッドの俳優やロサンゼルスのリッチマンたちが出入りした。

プロ・コーチ「タイガー・モリ」の出発だった。フェンシングのプロフェッショナルとして旗上げしたのは、アメリカでは寅雄が第一号だった。もちろん、ここはフェンシングだけで、剣道はやらない。入会金を取る会員制である。

しかし休日などは剣道の講習会もやった。森貞子はこう語る。

「その時は白人たちが喜んで見にきました。時には、あまりにもスペクター（ギャラリー）が多過ぎるので不思議に思いましたら、高級ホテルのパンフレットに『プレス・ツ・ゴー』に森フェンシング・アカデミーが剣道も教えるとあって、びっくりしました。そのパンフレットを見た人たちが、今日はどうして剣道はないのか、と文句を言う者が出てきたほどでした」

しかし、事情を知らない剣道の入門者が間違って訪ねることもあった。寅雄はそうした人たちには、住所と仕事場を聞き、いくつかあるうち、その近くにある道場を紹介した。そしてこう言った。

「ぼくは必ずそちらの道場に行く。ぼくからの紹介ということで、その道場のボスに会うといい。ところで君は辛いことに耐えられるかね？」

その白人の青年は、ちょっと迷ってから、「たぶん。そのために、剣道を学びたい」と答えた。

プロとして剣道場を開けば金になると分かっていながら、寅雄はそうしなかった。剣道場経営では生活できないことを知っていたからである。それに、剣道入門者から好きなコーヒーなどはもらっても金を取る気にはなれなかった。その点では、終戦後、「米や味噌はいただくが、お金はお返しする」と言った師匠の持田盛二と似ている。

モリ・フェンシング・アカデミーは盛況だった。多い時で百名近い弟子がいて、寅雄は生活の目途がたった。ハリウッドの役者たちも評判を聞きつけて入門してきた。映画の制作関係者が寅雄の道場を訪ねてきて、フェンシングの決闘シーンがあると、主演、助演の役者に高額でコーチを依頼することもあった。なかでもトニー・カーチスは出来のいい愛弟子だった。

株の会社を身売りしてからの寅雄は、やっと自由な時間を持つことができた。心臓も酷使せずにすむ。彼は世界選手権開催の準備に取りかかれた。常に心臓をいたわるために、日本の薬「救心」をポケットに入れて歩いた。

五十四歳の生涯を閉じる

寅雄が、ことあるごとに国際親善大会や国際社会人剣道大会に出席したのは、日本とアメリカで世界選手権を開催し、日米の剣道を世界の剣道にしたいからだった。そのために南加連盟会長を、彼が後継者と決めた中原虎太郎七段に頼んでいる。寅雄は、もっぱら世界選手権開催の地ならしのため、いたるところに顔を出しては打ち合わせを重ねた。

昭和四十二年の十月八日、大阪市立中央体育館で第三回国際社会人剣道大会が開催された時、寅雄たち米国剣士一行はこの大会に出席した。もともとこの大会は、寅雄が渡辺敏雄や利岡和人に働きかけて実現したものだった。

この大会には台湾や韓国、ハワイ、ブラジルなど各国が出席した。すでに昭和四十五年に東京で第一回世界選手権を、次いで第二回をロスで開催することが決定していたので、大阪体育館で行われた国際大会はそのための予行演習だった。

この大会の最後に、川崎製鉄重役で武専出の松本敏夫範士八段と森寅雄との五分間にわたる拝見試合が行われた。実業人として、剣道家として実力を謳われた関西の雄。対するは昭和の武蔵といわれた米国剣道連盟会長である。これは、まさに世紀の拝見試合だった。

大阪に住む古賀恒彦は東京高等師範学校在学中に伊香保道場で寅雄の剣を見ているが、それから久しく見ていない。この日はカメラを持ち込んで、二人の名勝負を写しつづけた。必死にレンズを通して寅雄の剣を見ていたため、試合内容は覚えていない。心臓の痛みから寅雄がウッ！　と息詰るような表情になったのも見失っている。

両者に剣道を学んだ阪急百貨店の野田孝社長の秘書をしていた井上弘一（教士七段）は、この時の拝見試合を見ていた。

松本は遠間から打ち込み、寅雄は間合を詰めてから打つという攻め合いだった。この時も、寅雄は心臓が悪いことを誰にも話していない。試合中、時々左右から押さえられるような苦しさで、寅雄の脈は乱れた。その時だけ、剣先が死んでいた。そこを松本に何度も打たれた。

しかし気を取り直すと、寅雄は間合を詰めて面と小手を切った。その間合の詰め方があまりにもうまく、詰められた松本は何度も剣先を開いて「参った」と合図を送っている。

打たずとも、勝敗は決まっていたのである。

のちに松本は、「間合に入れられたらぼくが負けだ。寅雄さんに勝てる者はいない」と語っている。

寅雄はこの試合のあと三日間、秘かに大阪の病院に入院していた。誰にも内緒だった。近くに住む巣鴨学園の後輩、岡田吉之助も知らなかった。が、この試合を見届けた井上弘一には、不審に思うことがあった。

「面をはずした森先生の顔色が白くなっていました。試合中、だいぶ心臓で苦しんでいたんですね。あとで入院していたことを知りました」

寅雄の心臓はかなり悪化していた。ポケットに常備薬を入れて歩いている。しかし家族の者に心配をかけまいと、大阪で入院したことは妻の貞子にも、兄姉たちにも話していなかった。

フェンシング指導中も、左右から痛みがきた。用心のため、事務用の机の引き出しには薬を入れて万一に備えていた。今の彼には、世選手権を実現する大役がある。そのためにもまだ死ぬわけにはいかなかった。フェンシングコーチだけの生活は厳しかったが、心臓負担を軽くしながらコーチをつづけた。

昭和四十四年の一月八日は米国剣道連盟の新年初稽古の日である。この日、彼は不覚をとってしまった。寅雄が夢見た第一回世界剣道選手権大会開催も決まり、その一年三ヵ月前のことである。

その日のロサンゼルスは珍しく肌寒かった。場所はガーディナ道場。夕方六時から稽古開始だった。寅雄はビバリーヒルズのモリ・アカデミーでフェンシングの指導を終え、服を着がえてガーディナ道場に向かうところだった。

ところが、出かける寸前に、遠いサンディエゴから一人の白人学生がフェンシングを教わりに来た。寅雄は途中でガソリンを入れなければいけないので、すぐに出かけたかった。もしも学生が「サンディエゴから来た」と言わなかったら、改めて出直してもらっただろう。だが寅雄は「せっかく遠いところからきたのだから」と、プロテクターをつけ直した。それから約三十分ほど教えた。稽古が終わると汗もふかず、すぐに洋服に着がえ、道場の鍵をかけ、そして車のエンジンをかけた。

この時ばかりは慌てていた。いつも机の引き出しに入れておいた常備薬のことも忘れていた。猛スピードでサンタモニカへのハイウェイを飛ばした。途中サンタモニカのガソリンスタンドに寄り、ガソリンを入れて、寅雄は再び猛スピードでガーディナ道場へ突っ走った。

道場に着いたのは夜の七時半頃だった。すでに全員稽古を終え、「今日は先生は来ないのでは」と洋服に着がえて帰ろうとしていた。そこに寅雄の車が砂塵をあげて現れた。寅雄は言い訳はせず「申し訳ない」とひとこと言ってすぐに稽古着に着がえ、準備体操もせず防具をつけ、三八の真新しい竹刀をさっと抜いた。

この時、寅雄の息づかいは荒い。

しばらくたってから、彼は三人の有段者を相手に稽古をつけていた。ふと痛みがきた。しかし何度か息を整え、また正眼に構えた。

その時である。

寅雄は正眼に竹刀をしっかりと構えたまま、崩れるように膝をついて前に倒れた。江戸太郎ら三人が慌てて駆けより、面をはずした。が、すでに顔はまっ白で、呼吸も止まっていた。しきりに胸部を叩いて人工呼吸を施した。ただちに救急車を呼び、ガーディナの救急病院に運んだ。しかし、間に合わなかった。


薄れゆく意識の中で、寅雄は快い夢を見ていた。初めてアメリカに旅立った若き日のことだった。厚い鉄板の船底を洗う波の音だけが、ざわざわ、ざわざわと聞こえてきた。時々それらの波は、トラオ、トラオと呼びかけるように小さく船底を叩いたかと思うと、また遠くで波がぶつかり合う音に変わった。

その音も、やがて聞こえなくなった。

やがて、桐生の街並みが広がり、母ヤスの手招く、やさしい顔が近づいてきた。

森寅雄、五十四歳の生涯であった。

あとがき

人物ものと取り組む際にいつも苦労するのは、主人公の後ろに見え隠れする人たちのことです。それをいかにうまく描くかではなく、いかに厚く資料を集め、解体してテーブルの上に広げ、組み立てていくかなのです。それには、どうしても主人公の後ろにいる人たちに会わないと基礎工事に取り組めませんでした。

私が森寅雄に興味を持ったのは、明治の初期に日本を追われた旧士族の剣道家が、移民先のアメリカ西部開拓地でならず者のガンマンを抜き打ちで斬って勝ったという話を聞いてからでした。わたしはその頃「西部の侍」という日本人の侍を主人公にした小説の構想を練っていました。

平成元年のある日、大学時代から続けてきた剣道の稽古を終え、面具をはずして汗を拭き取りながらそんな話をしていると、恩師の牧野勝司教士七段が、「野間寅雄がアメリカの道場で、居合の稽古中に血を吐いて死んだ話を司馬遼太郎が文春に書いていたぞ」と語りました。剣道家が稽古中に道場で死んだと聞き、どんな人物かと興味が湧いてきました。

その頃、山形県酒田市の本間家を取材していた私は、カリフォルニアの日本語新聞『加州毎日』の新聞記者をしていた佐藤健一さんが酒田にいらっしゃることを本間美術館で知り、早速、戦中のアメリカ剣道界のこと、野間寅雄なる人物について問い合わせました。

するとと佐藤氏から、手紙と『南加州日本人史』のコピーが送られてきました。そこに「剣道再建は如何にして行われたか」という項目がありました。これによって「森寅雄」の存在を知りました。

その後『剣道日本』の近藤龍雄副編集長にアメリカ剣道連盟の所在地を教えてもらい、中原虎太郎会長に手紙で問い合わせたところ、中原氏からはいつでも来てくださいとの返事をいただきました。この頃から私の心はアメリカにありましたが、国内の取材を重ね、旅費の工面もできた一年後、初めてロサンゼルスを訪れました。そこで日系二世の方々に会い、ロスの森寅雄について取材しました。

さらに一年後に二度目のアメリカ取材を行いましたが、取材をすればするほど私は森寅雄という人物に魅かれていきました。この仕事が金銭的には全く採算に合わないことにも気がつかず、我が家は食べるために銀行から金を借り、あとから入る原稿料で返済するという暮らしを続けていました。この作品に没頭するあまり「快い生活苦」を味わいましたが、「つらいけど楽しい」仕事でした。

伝記作品の楽しみは、未知なるデータに出会うことです。その時は、まるで金脈を掘り当てたような喜びを覚えました。こうなると、表現力ではなく、未知なるデータがどんどん筆を進めさせてくれるものです。

森寅雄。久しぶりに手応えのある人物との遭遇でした。

謝辞

本書の取材では次の方々にお世話になりました（順不同、敬称略）

《在日本》
大野操一郎、小島主、神尾宗敬、井上正孝、会田彰、井上弘一、岡田吉之助、柴田万作、柴田重信、野間定子、野間義一、三本松紀元、佐々木二朗、浦田正夫、長田保、中村藤雄、大和瀬克男、和名悟道、利岡和人、牧野勝司、佐野雅之、秋山裕、新井俊一、緒方敬夫、古賀恒彦、徳富太三郎、望月正房、佐藤健一、服部敏幸

《在アメリカ》
森貞子、大川平三郎、尾浪正、中原虎太郎、江戸太郎、ノボル・アカギ、安田正雄、佐藤虎次郎、村本司、岡周三、ムサシ・ワーナー、小山隆、フランク・ボックス、鳴海米生、玉置正、赤坂昇

森寅雄を中心とした年表

大正3年　野間寅雄、善次郎・ヤスの四男として生まれる（6月11日）　名付け親は野間清治
大正11年　寅雄、野間清治にひきとられる
大正14年　音羽に野間道場完成
昭和2年　寅雄、府立四中から巣鴨学園中学に転校
昭和4年　寅雄、「野間」から祖父の「森」姓に改姓
昭和4年〜6年　寅雄、巣鴨学園中学剣道部のメンバーとして全国中等剣道大会などで優勝するなど活躍
昭和5年　野間清治、報知新聞社の社長に就任
昭和7年　寅雄、報知新聞社に入社
昭和9年　天覧試合東京都予選準決勝で寅雄は野間恒に敗北　この大会で野間恒は優勝
昭和10年　寅雄、前橋15連隊へ入隊　関東軍戦車隊に配属（昭和11年秋まで戦地に）
昭和12年　寅雄、剣道普及のためアメリカへ出発　ハワイ、ロサンゼルスで剣道指導
昭和13年　寅雄、南カリフォルニア大でフェンシングをマスター、早くもカリフォルニア大会で優勝　全米大会に西部代表として出場
早稲田大学剣道部一行、ロスへ遠征
野間清治、狭心症により急逝（享年61）その2か月後に野間恒、直腸ガンと胃ガンにより死去（享年28）
昭和15年　寅雄、赤星貞子と結婚　新婚旅行は満州へ
昭和20年　東京で空襲に被災、寅雄一家、大森より群馬県桐生へ疎開

昭和24年　GHQの指令により剣道が禁止
　　　　　寅雄、群馬県太田市で米兵相手のクラブを経営（〜昭和24年）
昭和30年　寅雄、アメリカへ帰国
　　　　　米国剣道連盟発足　寅雄会長に
　　　　　明治大学剣道部一行、ロスへ遠征
昭和31年　寅雄、米国剣士を率いて日本に凱旋帰国
昭和32年　全日本学生選抜選手団、ロスへ遠征
昭和35年　寅雄、オリンピックローマ大会に米国フェンシングチーム監督して出場
昭和38年　寅雄、ブラジルへ渡り剣道指導
昭和42年　ビバリーヒルズにモリ・フェンシング・アカデミー設立
昭和44年　寅雄、狭心症により急逝（享年54）（1月8日）

著者

早瀬利之（はやせ　としゆき）
1940年（昭和15年）長崎県生まれ。昭和38年鹿児島大学卒業。石原莞爾研究者。著書に、『石原莞爾　満州合衆国』、『石原莞爾　満州備忘ノート』、『石原莞爾　国家改造計画』、『参謀本部作戦部長石原莞爾』、『石原莞爾　北支の戦い』、『南京戦の真実』、『サムライたちの真珠湾』、『将軍の真実・松井石根将軍の生涯』、『満州残映』、『石原莞爾と2.26事件』（以上、光人社および潮書房光人社）、『奇襲』（南日本新聞開発センター）、『石原莞爾　マッカーサーが一番恐れた日本人』（双葉新書）、『リタの鐘が鳴る』（朝日新聞出版）、『靖国の杜の反省会』『石原莞爾　満州ふたたび』『敗戦、されど生きよ　石原莞爾最後のメッセージ』（以上、芙蓉書房出版）などがある。
日本ペンクラブ会員、満州研究会会員。関東戸山流居合剣道会会長。

※住所　249-0005神奈川県逗子市桜山5-31-7

タイガー・モリと呼ばれた男
——日米の架け橋となった幻の剣士・森寅雄——

2021年6月22日　第1刷発行

著者
早瀬《はやせ》　利之《としゆき》

発行所
㈱芙蓉書房出版
（代表　平澤公裕）
〒113-0033東京都文京区本郷3-3-13
TEL 03-3813-4466　FAX 03-3813-4615
http://www.fuyoshobo.co.jp

印刷・製本／モリモト印刷

ISBN978-4-8295-0813-8